AF454039

NOUVELLE GRAMMAIRE

DE

LA LANGUE MUSICALE,

MISE EN RAPPORT AVEC LA GRAMMAIRE FRANÇAISE,

OU

PRINCIPES DE MUSIQUE ET DE CHANT,

SUR UN PLAN NOUVEAU ET MÉTHODIQUE AVEC L'INDICATION DES EXERCICES DE SOLFÈGE QUE DOIT ACCOMPAGNER LE DÉVELOPPEMENT DE LA THÉORIE MUSICALE.

PAR M. MARTINEAU,

BACHELIER-ÈS-LETTRES, PROFESSEUR.

PARIS,

J.-L. HEUGEL, ÉDITEUR DE MUSIQUE,

RUE VIVIENNE, 2 BIS,

ET CHEZ TOUS LES MARCHANDS DE MUSIQUE.

1845.

NANTES, IMP. DE VINCENT FOREST, QUAI DE LA FOSSE, N° 2.

PRÉFACE.

A mes Élèves,

C'est pour vous que j'écris cette grammaire; c'est à vous que je dois rendre compte de mes intentions.

L'art auquel nous venons vous initier, n'a rien que d'agréable et d'attrayant, et nous ne voulons vous donner, de la partie sérieuse de la *science* musicale, que les développements proportionnés à votre âge et à votre intelligence. Ainsi, ne vous rebutez pas des quelques efforts que nous aurons droit d'exiger de vous. Combien vous en serez dédommagés!

Ne concevrez-vous pas toute l'importance de l'étude de la *musique*, quand vous saurez qu'elle contribue puissamment à donner à l'*Esprit* cette urbanité, cette politesse, cette douceur qui fait le charme de la vie, et qui s'acquiert surtout au milieu de ces sociétés bien choisies que réunissent les plaisirs variés de cet art d'agrément? De plus, elle développe et élève les sentiments du *Cœur*. Quelles plus douces, et en même temps quelles plus nobles impressions que celles que fait naître l'harmonie ! La piété envers Dieu, l'admiration, la reconnaissance pour les œuvres admirables de la nature, la tendresse pour les parents, la pitié, la douleur, l'amitié, l'amour de la patrie, le courage, l'enthousiasme pour tout ce qui est beau et bon, est-il un sentiment, une vertu qu'elle ne se plaise à célébrer, et qu'elle ne fasse entrer profondément dans les cœurs? Enfin , comme Cicéron le dit de la littérature en général, la Musique est une source féconde de délassements utiles, d'agréments dans la société, de charme dans la solitude, d'adoucissements aux peines de la vie. Pour celui dont l'instruction musicale a été soignée, la Musique est une amie de tous les temps et de tous les lieux.

Aussi les Anciens , qui en avaient fait l'expérience, voulaient-ils que l'étude de la grammaire et celle de la musique fussent réunies ; et si la gaîté qui préside à celle-ci pouvait parfois contribuer à donner trop de frivolité à l'esprit, le sérieux de celle-là venait tempérer une légèreté qui dès lors n'était plus à craindre.

Nous aussi, nous voulons réunir aujourd'hui ces deux études, persuadés que, sans cela, votre instruction ne serait qu'incomplète.

En vous présentant les principes de musique sous une forme qui déjà vous est familière, il vous sera plus facile de les comprendre et de les retenir.

Qu'on attaque, si l'on veut, mes espèces de mots. Ces divisions me sont extrêmement commodes pour classer toutes les parties de la théorie musicale nécessaire dans un cours de chant ou dans les leçons particulières.

Jusqu'ici vous avez reçu nos leçons de vive voix ou par écrit ; mais combien de fois ne veniez-vous pas dire, peu de temps même après la classe : « Monsieur, j'ai tout oublié, » ou bien : « Mes notes sont perdues. » C'est donc pour ne pas consumer un temps précieux à vous les dicter ; c'est pour aider votre mémoire ; c'est enfin pour hâter vos progrès que je vous mets entre les mains ces éléments que je me suis efforcé de rendre *simples*, *clairs* et *méthodiques*.

L'enseignement de la musique, tel que nous le concevons, doit être surtout pratique. Mais il y a une partie théorique pleine d'intérêt et d'importance, qu'aujourd'hui on aurait honte d'ignorer. Assez et trop longtemps peut-être, a-t-on fait des élèves, j'ose le dire, de simples machines. Il est temps de développer en eux la qualité d'êtres pensants, de donner enfin une âme au mécanisme des doigts ou de la voix. Ces explications, en éclairant votre raison, relèveront à vos yeux, ennobliront ces exercices qui, sans la théorie, ne feraient de vous que des instruments inintelligents.

Toutefois, notre grammaire étant élémentaire, les principes que nous allons vous expliquer ne sortiront pas des bornes d'un livre élémentaire. Pour le moment, ils doivent vous suffire. A quoi bon, en effet, entrer avec vous dans de plus grands détails ? Les longues explications vous ennuient, et l'année finirait avant que nous eussions tout dit. L'année suivante, oiseaux voyageurs, souvent vous changez de climat, et, une fois partis, quand revenez-vous ? Plus tard, vous trouverez assez de livres savants où nous vous conseillerons d'aller puiser de nouvelles connaissances en musique.

Aujourd'hui, vous exercer à l'intonation, à la mesure, poser quelques principes élémentaires qui doivent marcher de pair avec les exercices; tel est le but de nos premiers efforts. Aussitôt que votre oreille saisira l'intonation des Gammes et des intervalles, que la lecture des notes, des silences, que la connaissance des valeurs commencera à vous devenir familière, alors quelques romances simples, puis des Duos, des Trios, etc., bien choisis, succéderont à nos exercices, et charmeront nos études en développant en vous le sentiment musical.

Ces airs seront par vous inscrits sur des cahiers tenus avec soin. C'est un moyen facile de vous familiariser avec tous les signes usités dans la langue musicale, et de plus, vous les y retrouverez avec plaisir, quand nous voudrons, plus tard, les travailler avec plus de perfection, ou quand, pour juger de vos progrès, une voix amie vous priera de les chanter.

Je pourrais facilement vous indiquer les sources où j'ai puisé quelques explications de ma grammaire. Je prends de tous côtés ce qui me semble bon, puis je tâche de me l'approprier, au point d'oublier parfois peut-être à qui je le dois. Mais que vous importe que je sois allé emprunter ce que je viens vous dire à MM. Galin, Choron, Fétis, Jue, Wilhem ou autres? Le *fond* est à tout le monde, la *forme* seule est à moi. Faites-en votre profit, chers élèves, et prouvez vous-mêmes que ma méthode n'est pas mauvaise, par de nouveaux progrès qui sont, pour moi, la plus douce récompense des soins que j'aime à vous donner.

INTRODUCTION.

1. — La **MUSIQUE** n'est pas seulement l'art de combiner les sons d'une manière agréable à l'oreille ; *c'est une langue qui, souvent même plus éloquemment que notre langue maternelle, sert à exprimer, au moyen des Sons, nos pensées et nos sentiments.*

Comme la nôtre aussi, nous apprenons à la parler, à la lire, à l'écrire.

2. — Pour cela, il est nécessaire de connaître :

1° Les **SONS** qui forment les syllabes, les mots, les phrases ; et 2° les **SIGNES** ou les **CARACTÈRES** qui les représentent.

3. — Le *Son* est l'effet, appréciable à l'oreille, produit par une voix ou par un instrument quelconque.

4. — L'oreille, d'accord avec la nature, a réduit les Sons à sept principaux, représentés aux yeux par des Signes nommés arbitrairement *Do* ou *Ut, Ré, Mi, Fa, Sol, La, Si.*

5. — Chacun de ces signes s'appelle *Note.* Réunis dans leur ordre successif, ils composent la *Gamme.*

6. — Former avec la voix ou avec un instrument,

des Sons variés et appréciables, suivant certaines conditions dont nous parlerons plus tard, c'est ce qu'on appelle *parler la langue musicale*, ou plus ordinairement *chanter*.

7. — Tout morceau de musique composé pour la voix ou pour un autre instrument, et formant un chant complet, se nomme *Air*.

8. — D'après les différentes manières dont les Sons affectent notre oreille et notre âme, nous distinguerons dix espèces différentes de mots ou Sons qui composent le discours, dans la langue musicale :

1° Les sons *graves* et les sons *aigus;*
2° Les sons *Conjoints* et les sons *Disjoints;*
3° Les sons *Longs* et les sons *Brefs;*
4° Les sons *Mesurés* et les sons *Rhythmés;*
5° Les sons *Forts* et les sons *Faibles;*
6° Les sons *Naturels* et les sons *Altérés;*
7° Les sons *Modulés;*
8° Les sons *Consonnants* et les sons *Dissonants;*
9° Les sons *Tristes* et les sons *Gais;*
10° Les sons *Lents* et les sons *Vifs;*

Questionnaire.

Qu'est-ce que la Musique ? — Qu'est-ce qui sert à former les mots de la langue musicale ? Qu'est-ce que le Son ? — Combien compte-t-on de Sons principaux ? — Comment les représente-t-on ? — Qu'entend-on par Note ? — Par Gamme ? — Qu'est-ce que Chanter ? — Qu'appelle-t-on Air ? — Combien comptez-vous d'espèces différentes de Mots ou de Sons ?

PREMIÈRE PARTIE. [1]

CHAPITRE PREMIER.

PREMIÈRE ESPÈCE DE SONS.

SONS GRAVES ET SONS AIGUS.

9. — De même que l'enfant qui, avant de s'exercer à lire ou à écrire sa langue, apprend à exprimer ses premières idées par la parole, de même nous devrons, aussi nous, savoir chanter les sons de la gamme, soit en montant, soit en descendant, avant d'apprendre à lire ou à écrire les signes qui les représentent. Quand ils sont chantés de bas en haut, dans cet ordre, *Do* ou *Ut, Ré, Mi, Fa, Sol, La, Si*, c'est-ce qu'on appelle *Gamme ascendante*. Quand, au contraire, les Sons se chantent de haut en bas, en suivant l'ordre inverse, *Si, La, Sol, Fa, Mi, Ré, Do*, c'est la *Gamme descendante*.

10. — Parmi ces différents Sons, les uns sont bas ou *graves*, par comparaison avec d'autres qu'on appelle sons hauts ou sons *Aigus*. On nomme sons du *Médium* ceux qui tiennent le milieu entre les sons graves et les sons aigus.

(1) Nous renvoyons à la deuxième partie les notions plus développées dont les commençants peuvent se passer.

11. — Afin que l'œil, en voyant les signes ou caractères, en reconnaisse aisément la *gravité* ou *l'acuité*, on est convenu de former, à l'aide de cinq lignes droites, horizontales et parallèles, une échelle sur les barreaux et entre les barreaux de laquelle se posent les Notes. Ces lignes se comptent de bas en haut; leur ensemble se nomme *portée.*

12. — Si l'on veut former des sons plus aigus que ceux de la gamme simple, il suffit, de répéter, *en montant*, les notes de la première gamme, pour en former une seconde, puis une troisième, etc. Veut-on représenter des sons plus graves, on répète, *en descendant*, les notes de la première gamme, pour en former une seconde, puis une troisième, etc.

13. — Comme les notes, au grave ou à l'aigu, auraient bientôt dépassé les cinq lignes de la portée, on ajoute à celles-ci d'autres lignes appelées *supplémentaires.*

14. — Les Sons de la gamme, ainsi que nous l'avons dit, sont au nombre de sept, mais l'oreille elle-même demande, pour être satisfaite, qu'un huitième son soit répété, après les sept premiers, en montant ou en descendant, de sorte qu'on peut dire aussi que la gamme chantée se compose de huit notes.

Exemple.

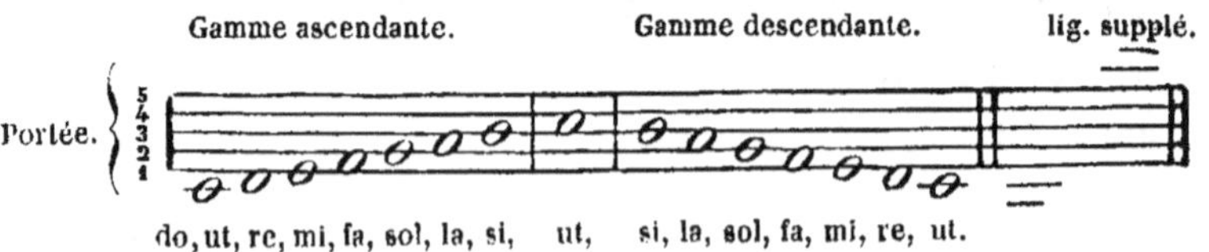

15. — Pour rendre moins arbitraire la position des notes sur la portée, on se sert d'un signe appelé *clef*, lequel placé au commencement de l'échelle musicale, fixe la place d'une note, et détermine, par suite, la place et le nom de toutes les autres.

16. — Il y a plusieurs sortes de clefs, les principales sont : 1° *La clef de sol*, qui indique la place du *sol* sur la deuxième ligne ; 2° *La clef de fa*, qui marque celle du *fa* sur la quatrième ligne. La première sert pour les sons aigus et pour ceux du médium ([1]); la seconde, pour les sons graves.

Plus tard, nous parlerons des autres clefs.

Exemple.

Exercices.

Sur la gamme ascendante et la gamme descendante ([2]), voyez l'A, B, C, n°° 1, 2, 3.

([1]) **Voy.** 2° partie, chap. 1ᵉʳ.

([2]) **Les exercices** sont au choix du professeur qui les écrit sur un tableau. On peut aussi, pour gagner du temps, mettre entre les mains des élèves quelque solfège simple et progressif. Nous avons choisi l'A, B, C, de **M.** Panseron et les ouvrages qui en sont la suite. Nous renvoyons aux numéros des exercices qu'ils renferment. Dans une classe nombreuse, on peut se servir avec avantage du *Solfège géant* de M. Testé, de Nantes.

Questionnaire.

Quelle connaissance première est-il nécessaire d'avoir pour apprendre la Musique ? — Qu'est-ce que la gamme ascendante et descendante? — Qu'entend-on par sons graves? — Par sons aigus? — Sons du médium? — Par portée musicale? — Par lignes supplémentaires? — De combien de sons la gamme chantée se compose-t-elle, et pourquoi? — Qu'entend-on par clef? — Quelles sont les principales clefs? — Dans quel cas se sert-on de la clef de *sol* de la clef de *fa?*

CHAPITRE II.

DEUXIÈME ESPÈCE DE SONS.

SONS CONJOINTS ET SONS DISJOINTS.

17. — Les sons *Conjoints*, sont ceux qui se suivent immédiatement, en parcourant, les uns après les autres, chaque degré de l'échelle musicale. Ils sont *Disjoints*, lorsqu'ils franchissent à la fois plusieurs degrés.

18. — On appelle *Intervalle*, la distance qu'il y a d'un son à un autre son.

19. — L'Intervalle prend son nom du nombre de degrés que comprennent les notes distancées. Celles-ci s'appellent *Termes* de l'intervalle.

20. — Deux notes placées sur le même degré sont dites à l'*unisson*.

21. — Les Intervalles de 2, 3, 4, 5, 6, 7, 8, 9, etc., degrés sont appelés : *seconde, tierce, quarte, quinte, sixte, septième, octave, neuvième*, etc.

22. — Chaque note de la Gamme peut, à son tour, devenir le premier terme d'un intervalle de seconde, de tierce, etc. Ainsi, il y a **7** *secondes,* **7** *tierces*, etc.

23. — Les exercices sur les intervalles sont, avec ceux des Gammes, aussi importants dans l'étude de la langue musicale, que peut l'être l'exercice des déclinaisons et des conjugaisons dans les autres langues. L'oreille doit en saisir parfaitement la différence; il est même nécessaire de les savoir par cœur, pour que la voix les reproduise, au besoin, avec assurance. C'est là tout le fondement de l'intonation.

24. — Ces exercices nous porteront naturellement à remarquer que tous les intervalles ne se ressemblent pas. Par exemple, la seconde *mi–fa*, qui peut être chantée comme *si–ut*, ne saurait l'être comme *ut–re* qui est moitié plus grande.

25. — On appelle *seconde majeure* ou *ton*, l'intervalle qui ressemble à *ut–re*, il y en a cinq, dans la gamme, *ut–re, re–mi, fa–sol, sol–la, la–si*.

26. — On appelle *seconde mineure* ou *demi-ton*, l'intervalle qui ressemble à *mi–fa*; il y en a deux : *mi–fa, si–ut*, le premier, placé de la 3ᵉ à la 4ᵉ note, le second, de la 7ᵉ l'octave.

27. — Tout intervalle, jusqu'à la *quinte* exclusivement, qui ne renferme pas un demi-ton, est appelé *Majeur*, par opposition à celui qui en contient un, et qu'on appelle *Mineur*.

28. — **A** partir de la *quinte* inclusivement, l'intervalle est trop grand pour ne pas renfermer au moins *un* demi-ton ; il sera alors *Majeur*, et pour être *Mineur*, il devra renfermer les deux *demi-tons*. (¹)

Tableau des Intervalles.

SECONDES.

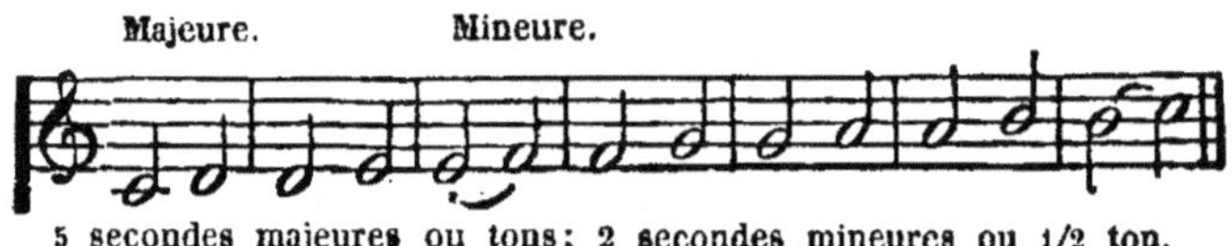

5 secondes majeures ou tons; 2 secondes mineures ou 1/2 ton.

TIERCES.

3 tierces maj. composées de 2 tons; 4 tierces min. de 1 ton 1/2.

QUARTES.

1 quarte maj. (1) de 3 tons; 6 quartes min. de 2 tons 1/2.

QUINTES.

6 quintes maj. de 3 tons 1/2; 1 quinte min. 2 tons et 2 1/2 tons.

(1) Voyez deuxième partie, N° 211 remarque.

SIXTES.

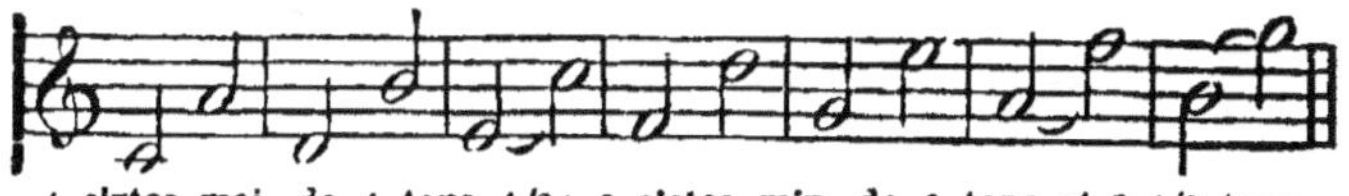

4 sixtes maj. de 4 tons 1/2 ; 3 sixtes min. de 3 tons et 2 1/2 tons.

SEPTIÈMES.

2 septièmes maj. de 5 tons 1/2 ; 5 septièmes min. de 4 tons et 2 1/2 tons.

Exercices.

Sur tous les intervalles. — A, B, C, de N° **4** à N° **25** (¹).

Questionnaire.

Qu'entend-on par sons conjoints? — Par sons Disjoints ? — Par intervalle? — Par unisson, seconde, tierce, quarte, quinte, sixte, septième, octave, etc ? — Combien compte-t-on, dans la gamme, de secondes, de tierces, etc. ? — L'étude des intervalles est-elle importante ? — Qu'appelle-t-on seconde majeure ou ton? — Seconde mineure ou demi-ton ? — Qu'entend-on par 3ᶜᵉ, 4ᵗᵉ, 5ᵗᵉ, 6ᵗᵉ 7ᵐᵉ majeures et mineures? — De combien de tons et de demi-tons se compose chacun de ces intervalles ?

---

(1) Les exercices sur les intervalles ne se chanteront qu'avec des rondes et des blanches. Après avoir appris le Chapitre III, on emploiera les autres valeurs de notes.

CHAPITRE III.

TROISIÈME ESPÈCE DE SONS.

SONS LONGS ET SONS BREFS.

29. — Les sons n'ont pas tous ni toujours la même durée ; la forme des notes suffit pour en rappeler la valeur relative.

30. — La plus longue note, c'est-à-dire celle qui avertit de donner au son une plus grande durée s'appelle *ronde*.

31. — La ronde se divise en deux autres notes appelées *blanches* ; la blanche, en *deux noires* ; la noire, en *deux croches*, ou notes à crochet ; la croche, en deux notes à *double-crochet* ou *deux double-croches* ; la double-croche, en *deux triple-croches* ; la triple-croche, en *deux quadruple-croches*.

D'où il suit : 1° que la *ronde* vaut quatre noires, huit croches, seize double-croches, trente-deux triple-croches, soixante-quatre quadruple-croches ; 2° que la *blanche* vaut quatre croches, huit double-croches, seize triple-croches, trente-deux quadruple-croches ; 3° que la *noire* vaut quatre double-croches, huit triple-croches, seize quadruple-croches ; 4° que la *croche* vaut quatre triple-croches, huit quadruple-croches ; 5° que la *double-croche* vaut quatre quadruple-croches.

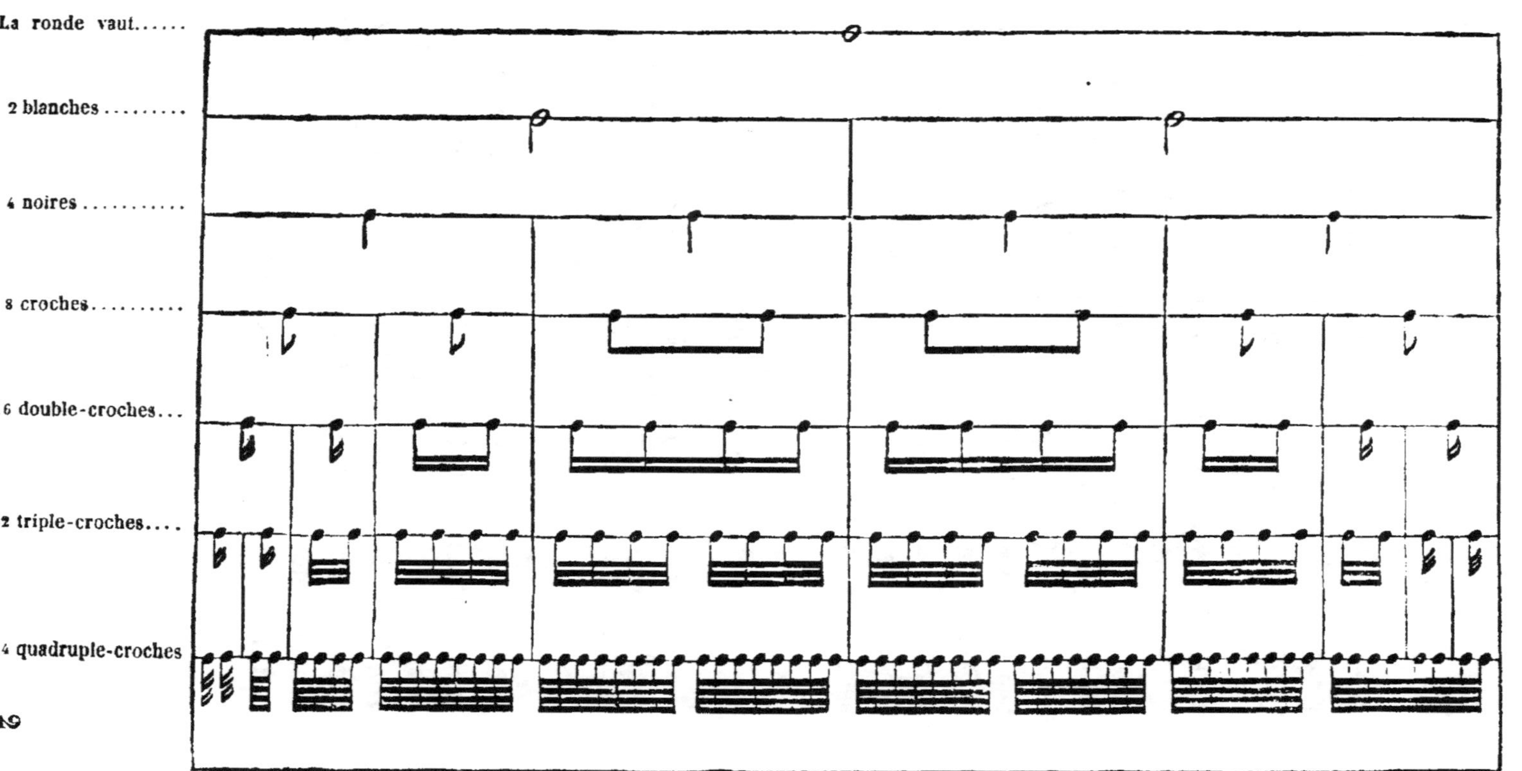

VALEUR RELATIVE DES NOTES.
La ronde vaut......
2 blanches.........
4 noires..........
8 croches.........
16 double-croches...
32 triple-croches....
64 quadruple-croches

32. — En Musique, comme en Grammaire, afin de séparer les membres d'une phrase, nous avons, pour répondre aux virgules et aux points, des *silences* représentés par des signes dont la valeur correspond, en durée, à la valeur des notes désignées plus haut.

C'est : la *pause*, qui répond à la ronde (¹); la *demi-pause*, à la blanche ; le *soupir*, à la noire ; le *demi-soupir*, à la croche ; le *quart de soupir*, à la double-croche ; le $^1/_8$ *de soupir* ou $^1/_2$ *quart de soupir*, à la triple-croche; le $^1/_{16}$ *de soupir*, à la quadruple-croche.

Ce qui veut dire qu'en voyant une *pause*, il faut garder le silence pendant le temps qu'on mettrait à chanter une *ronde* ; sur une *demi-pause*, il faut garder le silence pendant la valeur d'une *blanche*, et ainsi de suite.

Exemple.

33. — Si l'on veut prolonger une *note* ou un *silence* seulement de la moitié de sa valeur, on se sert d'un *point* placé après cette note ou ce silence. Ainsi une *ronde ponctuée* vaut trois blanches ; une *blanche ponctuée* vaut trois noires ; une *noire ponctuée* vaut trois croches, etc.

Un *soupir* suivi d'un *point* vaut un soupir $^1/_2$, etc.;

(1) **Voyez** n° 152.

un *point* après un autre *point* vaut aussi la moitié de celui qui le précède.

34. — Enfin, pour donner à une note ou à un silence, une durée indéfinie; on se sert de ce signe ⌢ appelé *point d'orgue*, quand il est au-dessus d'une note, et *point d'arrêt*, quand il est sur un silence.

Exemple.

Exercices.

(**A, B, C,** chanter de **24** à **28**. Analyser les valeurs de notes et de silences, n° **43** ou autres.)

Questionnaire.

Les sons ont-ils tous la même durée ? — Qu'est-ce qu'une ronde, une blanche, une noire, une croche, une double-croche, une triple-croche, une quadruple-croche ? — Qu'entend-on par silences ? — Qu'est-ce que la pause, la $\frac{1}{2}$ pause, le soupir, le $\frac{1}{2}$ soupir, le $\frac{1}{4}$ de soupir, le $\frac{1}{8}$ de soupir, le $\frac{1}{16}$ de soupir ? — Comparez toutes ces notes entre-elles, et avec les silences. — Quelle est la valeur du point après une note, un silence ou un autre point ? — Qu'entend-on par point d'orgue ? — Par point d'arrêt ?

CHAPITRE IV.

QUATRIÈME ESPÈCE DE SONS.

SONS MESURÉS ET SONS RHYTHMÉS.

35. — Nous venons de voir que les *silences* servent à diriger le sens de la phrase musicale et à faciliter la respiration. On a, de plus, senti la nécessité de diviser la durée du temps en parties égales, pour ne chanter, dans un moment donné, qu'un nombre déterminé de notes; et pour éviter, par là, dans le discours musical, la confusion qui résulte, dans le discours oratoire, des mots, des membres de phrases et des phrases entassés sans ordre dans une période.

36. — Cette division de la durée en parties égales, est ce qu'on appelle Mesure, en général.

37. — Chacune de ces parties égales s'appelle aussi *Mesure*, et se marque par des lignes verticales qui divisent la portée en plusieurs *cases* dans lesquelles sont contenues un certain nombre de notes. Ces lignes sont des *barres de mesure*.

38. — Ces cases ou ces mesures se subdivisent en parties égales appelées *temps*.

39. — Nous nommerons *unité de mesure*, la note qui, seule, servira pour une Mesure, et *unité de temps* celle qui servira pour un temps de la mesure.

40. — Il y a trois espèces de mesure :

1° La mesure à deux temps;

2° La mesure à trois temps;

3° La mesure à quatre temps, qui n'est qu'une double mesure à deux temps.

41. — *Battre* la mesure, c'est marquer avec la main ou autrement, chacun des temps de ces différentes mesures.

42. — La mesure à *deux temps* se bat par un *frappé* de la main droite sur le *premier temps*, et par un *levé* sur le *deuxième temps*.

Cette mesure est indiquée après la clef :

1° Par 2 ou ₵. Une *blanche* pour unité de temps; une *ronde* pour unité de mesure.

2° Par ²⁄₄. C'est une fraction qui signifie deux quarts de la *ronde*, c'est-à-dire *deux noires* ou *une blanche* pour unité de mesure, par conséquent, *une noire* pour unité de temps;

3° Par ⁶⁄₈, c'est-à-dire six huitièmes de la ronde ou *six croches*. *Une blanche ponctuée* pour unité de mesure, *une noire ponctuée* pour unité de temps.

43. — La mesure à *trois temps* se bat par un *frappé* sur le premier temps, un *mouvement à droite* sur le deuxième, et un *levé* sur le troisième.

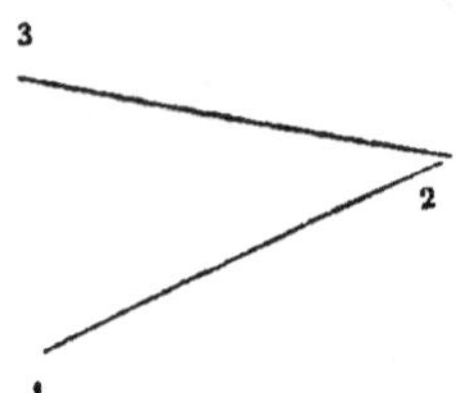

Cette mesure se marque à la clef :

1° Par 3 ou $\frac{3}{4}$, c'est-à-dire trois quarts de la ronde ou *trois noires. Une blanche suivie d'un point* pour unité de mesure; *une noire,* pour unité de temps.

2° Par $\frac{3}{8}$, trois huitièmes ou *trois croches. Une noire ponctuée* pour unité de mesure ; *une croche* pour unité de temps.

3° Par $\frac{9}{8}$, neuf huitièmes ou *neuf croches. Une blanche ponctuée* pour unité de mesure, une *noire ponctuée* pour unité de temps.

44. — La mesure à *quatre temps*, se bat par un *frappé,* un *mouvement à gauche,* un *mouvement à droite* et un *levé.*

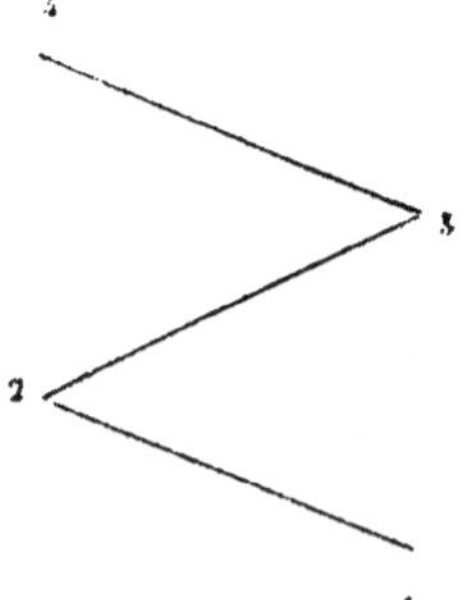

Cette mesure se marque à la clef :

1° Par **C** ou $\frac{2}{2}$. *Une ronde* pour unité de mesure ; *une noire* pour unité de temps.

2° Par $\frac{12}{8}$, douze huitièmes de la ronde ou *douze croches*. *Une ronde ponctuée* pour unité de mesure ; *une noire ponctuée* pour chaque temps.

Exemple (Voyez n° 159).

45. — Ne confondez pas avec la *mesure* ou la division du temps, ce qu'on appelle *rhythme* ou division de l'*unité* en parties égales.

46. — Le *rhythme* est *binaire*, quand l'unité se divise de deux en deux ; il est *ternaire*, quand l'unité offre une division de trois notes pour un temps. Ainsi, le rhythme est *binaire* dans les mesures marquées par 2 ou ₵, $\frac{2}{4}$, $\frac{3}{4}$, $\frac{3}{8}$, **C** ; et il est ternaire dans les autres $\frac{6}{8}$, $\frac{9}{8}$, $\frac{12}{8}$.

47. — Parfois, dans un morceau *de rhythme binaire*, on éprouve le besoin, pour varier le chant et l'embellir, de diviser en trois parties égales, soit l'unité de mesure, soit, plus souvent, l'unité de temps ; c'est ce qu'on appelle *triolet*. On obtient alors ce qu'on peut appeler un rhythme *mixte*.

48. — Le *triolet* se compose donc de trois notes égales remplaçant deux notes de même valeur ; il est ordinairement surmonté d'un 3 qui le fait connaître.

49. — Si l'on voulait diviser l'unité en six parties, au lieu de quatre, on aurait un *sextolet*, surmonté d'un 6 pour le faire connaître.

Exemple.

Exercices.

Sur les différentes divisions de l'unité, sur les mesures. Analyser dans l'A, B, C, n" 83, 84, 86, 87, 90, 92, 93, et chanter 30, 32, 29, 34.

Questionnaire.

Qu'entend-on par mesure, en général et en particulier ? — Par barres de mesure ? — Temps, unité de temps, unité de mesure ? — Combien d'espèces de mesures ? — Comment se bat la mesure à deux, à trois, à quatre temps ? — Comment chacune d'elles se marque-t-elle à la clef ? — Qu'est-ce que la mesure à **2** ou **₵** à $\frac{2}{4}$, à $\frac{6}{8}$. — La mesure à **3** ou $\frac{3}{4}$, $\frac{3}{8}$, $\frac{9}{8}$? — La mesure à **C** ou $\frac{4}{4}$, $\frac{12}{8}$? — Que signifie chacun de ces chiffres ? — Quelle est l'unité de mesure et l'unité de temps dans ces différentes mesures ? — Qu'entend-on par rhythme ? — Par rhythme binaire, ternaire, mixte ? — Par triolet, sextolet ?

CHAPITRE V.

CINQUIÈME ESPÈCE DE SONS.

SONS FORTS ET SONS FAIBLES.

50. — Tous les temps d'une mesure sont entre eux égaux en durée, mais non en force. Ainsi, dans la mesure à *deux temps,* l'oreille demande généralement qu'on appuie sur les sons du temps frappé plus fortement que sur ceux du temps levé : d'où l'on dit que le *frappé* est un temps *fort,* et le levé un temps *faible.*

51. — Dans la mesure à *trois temps,* le premier temps est fort, et les deux autres sont faibles. Dans un *triolet,* le premier tiers est plus fort que les deux autres. Dans le *sextolet,* c'est seulement le premier sixième, ce qui empêche de le confondre avec le double triolet dans lequel le temps fort revient de trois en trois.

52. — Dans la mesure à *quatre temps,* il y a deux temps forts, le premier et le troisième, et deux temps faibles, le deuxième et le quatrième.

Exemple.

53. — Telle est, pour les temps forts et les temps faibles, la règle générale fondée sur la nature , et dont l'oreille est le meilleur juge. Lorsque cet ordre est changé, qu'on vient à appuyer sur un temps faible plus fortement que sur un temps fort, l'effet du chant n'est plus le même.

Il en est un , en particulier, bien digne d'attention , et que la plupart des élèves trouvent avec raison difficile à saisir.

54. — Cet effet remarquable est la *syncope* qu'on peut définir : un son commencé sur un temps faible d'une mesure, et continué sur le temps fort suivant. C'est alors sur ce temps faible qu'il faut appuyer la voix.

Syncopes.

Remarque importante.

55. — Nos exercices sur la gamme et sur les intervalles, ainsi que les airs simples que déjà nous avons pu chanter, nous conduisent naturellement à remarquer, dans les sons combinés de diverses manières, certaines *propriétés* importantes qui deviendront pour nous bien plus sensibles encore dans la suite de nos exercices.

56. — Ainsi, l'*ut* nous a offert jusqu'ici un son sur lequel nous aimons à nous reposer, surtout à la fin d'un air. On l'appelle note de repos ou *tonique*.

57. — Avant de se rendre à ce repos final, la voix prend souvent plaisir à s'arrêter sur le *sol*, cinquième note de la gamme, qui a reçu le nom de *dominante*, à cause du rôle important qu'elle joue.

58. — Quelquefois aussi le *mi* présente une idée de repos intermédiaire entre ceux de l'*ut* et du *sol*; c'est la *médiante*. Dans les morceaux d'ensemble, souvent chaque partie finit et se repose sur chacune de ces trois notes.

59. — Si la voix cherche à s'élever jusqu'au *si*, l'oreille lui dit aussitôt de monter plus haut, pour prendre sur l'*ut* un repos dont elle éprouve un besoin sensible. Aussi, le *si* reçoit-il alors le nom de *sensible*.

60. — Mais, en descendant, qu'elle cherche à s'arrêter sur le *fa*, souvent elle se sentira doucement entraînée vers le *mi*.

61. — Enfin, le *re* et le *la*, sans avoir, dans la gamme de propriété bien déterminée, vont d'une note à l'autre, suivant le sens de la phrase musicale. D'après la place qu'ils occupent dans la gamme, le *fa* s'appelle *sous-dominante*; le *re*, *sus-tonique*; le *la*, *sus-dominante*.

62. — En analyse logique, l'*ut*, le *sol* et le *mi*, rappelleraient assez bien à l'esprit l'idée de propositions principales absolues ou relatives, tandis que les autres notes appartiennent aux phrases incidentes qui ne font que suspendre le sens, l'expliquer ou le déterminer, sans, pour cela, cesser de diriger et de ramener l'attention principale sur les premières.

NOTES.		NOMS.	PROPRIÉTÉ.
7	Si.	*Sensible.*	Tendance à monter.
6	La.	Sus-dominante.	. . . .
5	Sol.	DOMINANTE.	Deuxième repos.
4	Fa.	*Sous-dominante.*	Tendance à descendre.
3	Mi.	MÉDIANTE.	Troisième repos.
2	Re.	Sus-tonique.	. . . .
1	Ut.	TONIQUE.	Premier repos.

Exemples.

Sur les temps forts et les temps faibles, sur la syncope. Remarques sur les propriétés des notes.

Chanter dans l'A, B, C, n°ˢ 39, 40, 41, 42, 43; analyser 94.

Questionnaire.

Les temps d'une mesure sont-ils tous égaux? — Pourquoi faut-il appuyer sur l'un plus que sur l'autre? — Quels sont les temps forts et les temps faibles des mesures à deux, à trois, à quatre temps? — Quelle est la note forte du triolet , du sextolet ? — Qu'est-ce que la syncope ? — Quelle est la propriété de l'*ut*, du *sol*, du *mi*? — Celle du *si*, du *fa*? — Quels noms donne-t-on aux sept notes de la gamme , d'après leurs propriétés et le rang qu'elles occupent.

CHAPITRE VI.

SIXIÈME ESPÈCE DE SONS.

SONS NATURELS ET ALTÉRÉS.

63. — La gamme que nous connaissons, composée de cinq tons et deux demi-tons, s'appelle du nom de la note de repos ou tonique , *gamme d'ut*. Les sons et les notes s'y présentent dans leur état primitif et naturel. Mais avec ces sons tels que nous les avons étudiés jusqu'ici , la langue musicale eut été bien bornée. Pour plaire et pour toucher, on a dû chercher à varier les effets du discours en musique.

64. — On y est parvenu de plusieurs manières :

1° En altérant *accidentellement* un ou plusieurs sons de la gamme naturelle.

2° En changeant la *tonique.* Ce dernier moyen fera l'objet du chapitre suivant.

65. — L'effet qui résulte d'un son altéré, c'est de rendre plus petit ou plus grand un intervalle de la gamme. Par exemple, de *fa* à *sol*, notes naturelles, il y a un ton ; mais que j'élève le son du *fa*, et que je le rapproche de celui du *sol,* pour avoir un demi-ton , comme de *si* à *ut*, alors le *fa* n'a plus le son naturel que nous lui connaissions.

66. — Pour indiquer cette altération, on place devant la note *fa*, ce signe ♯ appelé *dièse* qui avertit le chanteur d'élever d'un demi-ton le son de la note devant laquelle il est placé. On dit alors que cette note est *diésée.*

67. — Remarque. *Pour aider l'oreille à saisir la différence qui existe entre* sol-fa *naturel, et* sol-fa *dièse, et la voix à bien faire entendre ce nouveau demi-ton qui, du reste, ressemble aux deux autres connus, le* fa ♯ *pourrait recevoir le nom de* fé *(¹), et toutes les notes de la gamme diésées accidentellement, les noms de* dé, ré, fé, sé, lé. *En substituant ces noms des notes diésées, à ceux des notes naturelles* do, re, fa, sol, la, *ne serait-ce pas lever une assez grande difficulté, celle qui porte les élèves à confondre pendant longtemps les sons* différents *de notes qui portent le* même *nom? Le* mi *et le* si*, à cause du demi-ton naturel qui existe de* mi *à* fa *et de* si *à* ut, *n'auraient pas besoin de nom différent.*

68. — Il m'est également facile d'abaisser, par exemple, le son du *si,* en le rapprochant du *la,* pour avoir , au

______

(1) Déjà M. Juc s'est servi de ce nom, dans sa méthode.

lieu d'un ton, comme dans la gamme naturelle, un demi-ton ressemblant à celui qui existe de *fa* à *mi*, en descendant.

69. — On se sert, pour indiquer cette nouvelle altération, de cet autre signe ♭ appelé *bémol*, lequel, placé devant une note, avertit qu'il faut en abaisser le son vers la note inférieure. Cette note est dite alors *bémolisée*.

70. — Remarque. *Pour aider encore l'oreille à saisir les demi-tons produits par les bémols, et la voix à les exprimer avec plus de justesse, on peut changer aussi le* nom *des notes dont le* son *est changé accidentellement par le bémol, en mettant un z à la place de la consonne qui commence chaque note de la gamme bémolisée. Ainsi, les notes naturelles* re, mi, sol, la, si, *s'appelleront bémolisées* ze, zi, zol, za, zi. *Le* fa *et l'*ut *n'auront pas besoin de nom différent, à cause du demi-ton naturel de* fa *à* mi *et d'*ut *à* si.

71. — Si l'on veut hausser d'un demi-ton une note déjà diésée, on se sert de ce signe appelé *double-dièse* ♯ ou × ou ·×·

72. — Pour abaisser d'un demi-ton une note déjà bémolisée, on emploie le *double-bémol* ♭♭.

73. — Le dièse et le bémol accidentels, aussi bien que le double-dièse et le double-bémol, n'ont d'effet que pour la mesure où ils se rencontrent.

74. — Veut-on en détruire l'effet dans une mesure, il suffit de placer devant la note qu'on remet alors dans son état naturel, cet autre signe ♮ appelé *bécarre*. Pour changer le double-dièse en dièse simple, il suffit de placer un dièse simple devant un bécarre, et de même pour le bémol.

75. — Chacun de ces signes est appelé *signe d'altération* ou *accident*.

Exemple.

Exercices.

Pour se familiariser avec les dièses et les bémols accidentels. A, B, C, chanter nᵒˢ **28**, **31**, **33**, **35**, **38**, **44**. Analyser, page **123**, nᵒˢ **79**, **80**.

Questionnaire.

Qu'entendez-vous par gamme d'ut ? — Comment est-on parvenu à varier les effets du discours en musique ? — Qu'est-ce qu'altérer un son ? — Qu'est-ce que le Dièse ? — Quel nom donnez-vous aux notes diésées accidentellement ? — Qu'est-ce que le bémol ? — Quel nom donnez-vous aux notes bémolisées accidentellement ? — Qu'est-ce que le double-dièse, le double-bémol ? — Quel nom commun donne-t-on aux signes d'altération ?

— Combien de temps dure l'effet des accidents ? — Comment peut-on le détruire? — Qu'est-ce que le bécarre?

CHAPITRE VII.

SEPTIÈME ESPÈCE DE SONS.

SONS MODULÉS.

76. — Un chant composé des notes naturelles de la gamme d'*ut* est dit dans le *ton d'ut*.

77. — Pour détruire la monotonie qui résulterait d'airs ayant tous la même note de repos, on a choisi de nouvelles *toniques,* qui ont servi de bases à de nouvelles gammes combinées dans les mêmes rapports de sons que la gamme d'*ut*. Ainsi, on a passé d'un ton dans un autre, et ce passage a été appelé *modulation.*

78. — Deux modulations principales se présentent à nous. L'une consiste à prendre pour tonique la cinquième note ou la *dominante* d'un ton, à partir du ton d'*ut*; l'autre à prendre pour tonique la quatrième note ou la *sous-dominante.*

Modulations à la Dominante.

79. — Je prends pour *tonique* la dominante *sol* de la gamme d'*ut* qui nous sert de modèle. En m'élevant jusqu'à l'octave, je trouve que tous les intervalles de secondes dans la

NOUVELLE GAMME.   GAMME MODÈLE.

NOUVELLE GAMME			GAMME MODÈLE	
mi re	) 1 ton		la sol	) 1 ton
½ (ut si	) 1 ton) 1 ton	Correspondent parfaitement à ceux-ci de la	½ (fa mi	) 1 ton) 1 ton
la	) 1 ton		re	) 1 ton
sol	) 1 ton		ut	) 1 ton

Mais pour répondre à *la-si* seconde majeure dans la gamme d'*ut*, je n'ai que la seconde mineure *mi-fa* de la gamme de *sol*.

Je dièse ce *fa* de la nouvelle gamme, ce qui l'éloigne du *mi*, et le rapproche du *sol*, de manière que les intervalles

½ (sol fa ♯ mi	) 1 ton	sont maintenant semblables à	½ (ut si la	) 1 ton

J'ai donc une nouvelle *tonique sol,* et, par suite, une autre *médiante si*, une *dominante re*, une *sensible fa* ♯ : je suis dans le ton de *sol*.

Un dièse placé sur la ligne du *fa*, après la clef, fait connaître cette sensible au-dessus de laquelle il n'y a plus qu'à s'élever d'un demi-ton pour trouver la tonique.

80. — Prenons à présent pour tonique la dominante du ton de *sol*. En raisonnant comme nous venons de le faire, et comparant entre eux les intervalles de seconde, nous trouvons pour *tonique re*, pour *médiante fa ♯*, pour *dominante la*, pour *sensible ut ♯*.

Deux dièses à la clef, *fa ♯* et *ut ♯* font connaître les altérations des notes de ce nouveau ton.

81. — En prenant toujours ainsi pour tonique la *quinte* ou la *dominante*, nous voyons arriver successivement un dièse de plus sur une note qui est la *sous-dominante* du ton que l'on quitte, et qui devient la *sensible* du nouveau. Et comme nous nous élevons toujours d'une quinte, en modulant ainsi, il s'ensuit que les dièses se placent de *quinte* en *quinte* en montant, dans cet ordre, *fa, ut, sol, re, la, mi, si.*

Tableau des Gammes majeures avec Dièses.

½ ton. {	ut	sol	re	la	mi	si	fa ♯	ut ♯
Sensible ...... {	si	fa ♯	ut ♯	sol ♯	re ♯	la ♯	mi ♯	si ♯
Sus-dominante ...	la	mi	si	fa ♯	ut ♯	sol ♯	re ♯	la ♯
Dominante	sol	re	la	mi	si	fa ♯	ut ♯	sol ♯
Sous-dominante ½ ton. {	fa	ut	sol	re	la	mi	si	fa ♯
Médiante ...... {	mi	si	fa ♯	ut ♯	sol ♯	re ♯	la ♯	mi ♯
Sus-tonique	re	la	mi	si	fa ♯	ut ♯	sol ♯	re ♯
Tonique	ut	sol	re	la	mi	si	fa ♯	ut ♯

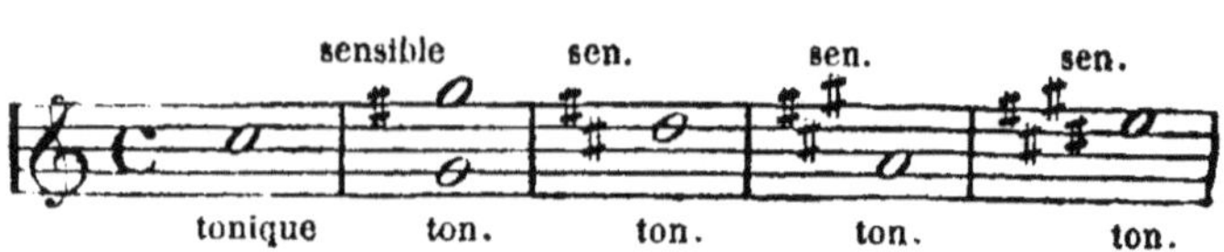

Modulations à la sous-dominante.

82. — Prenons pour tonique la sous-dominante *fa* de la gamme modèle, et procédons comme pour les dièses. Ici les intervalles de seconde de la

NOUVELLE GAMME.		GAMME MODÈLE.

$\frac{1}{2}$ (fa
   mi
   re) 1 ton

ut) 1 ton
$\frac{1}{2}$ (si

ne correspondent pas tous à ceux-ci

de la

la
sol) 1 ton
fa) 1 ton

$\frac{1}{2}$ (ut
   si
   la) 1 ton
sol) 1 ton
) 1 ton
$\frac{1}{2}$ (fa
   mi
   re) 1 ton
ut) 1 ton

Il n'y a que le *si* de la nouvelle gamme qui se trouve trop loin du *la* pour produire l'effet de l'intervalle *fa-mi* de la gamme d'*ut*, et qui est en même temps trop près de l'*ut*, pour donner un intervalle de seconde semblable à *fa-sol*.

Un bémol placé sur le *si* de la gamme nouvelle ôte toute différence, et donne une gamme semblable à celle d'*ut*, en rapprochant le *si* du *la*, et en l'éloignant de l'*ut* de la même quantité.

La nouvelle *tonique* est *fa;* la *médiante, la;* la *dominante, ut;* la *sous-dominante, si* ♭.

Un bémol placé après la clef, sur la ligne du *si*, indiquera cette sous-dominante du nouveau ton; il n'y a plus qu'à descendre alors d'une quarte pour trouver la tonique.

83. — Je prends cette sous-dominante *si* ♭ pour nouvelle *tonique*, et par un raisonnement analogue, je trouve pour *médiante, re; dominante, fa; sous-dominante, mi* ♭.

Deux bémols à la clef *si* ♭ et *mi* ♭ indiqueront ce nouveau ton. Nous descendrons d'une quarte au-dessous du dernier bémol *mi*, et nous trouverons pour tonique l'avant-dernier bémol *si* ♭.

84. — Ainsi, en choisissant toujours pour tonique la quarte ou sous-dominante du ton que l'on quitte, on voit arriver successivement un bémol de plus sur une note qui sert de sous-dominante au nouveau ton. Et comme en modulant ainsi, nous nous élevons toujours d'une quarte, il s'en suit que les bémols se placent de quarte en quarte en montant, dans cet ordre inverse des dièses, *si, mi, la, re, sol, ut, fa.*

85. — On appelle *armure* de la clef, les dièses ou les bémols qui, au commencement de la portée, annoncent le ton d'un morceau de musique. Pour en détruire l'effet, on se sert du bécarre.

Tableau des Gammes majeures avec Bémols.

		ut	fa	si	mi♭	la♭	re♭	sol♭	ut♭
Sensible	1/2 {	si	mi	la	re	sol	ut	fa	si♭
Sus-dominante . . .		la	re	sol	ut	fa	si♭	mi♭	la♭
Dominante		sol	ut	fa	si♭	mi♭	la♭	re♭	sol♭
Sous-dominante	1/2 {	fa	si♭	mi♭	la♭	re♭	sol♭	ut♭	fa♭
Médiante		mi	la	re	sol	ut	fa	si♭	mi♭
Sus-tonique		re	sol	ut	fa	si♭	mi♭	la♭	re♭
Tonique		ut	fa	si♭	mi♭	la♭	re♭	sol♭	ut♭

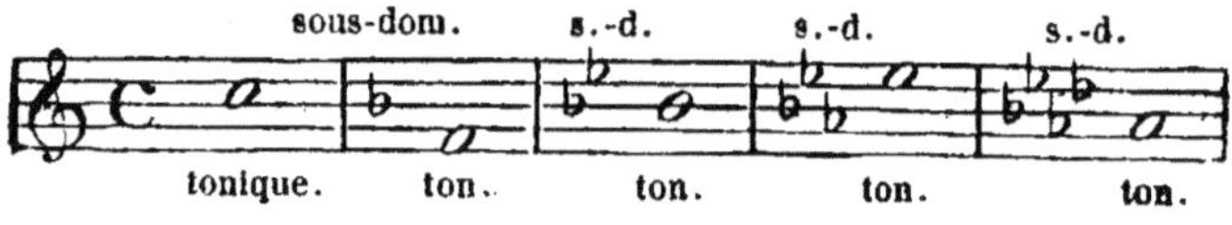

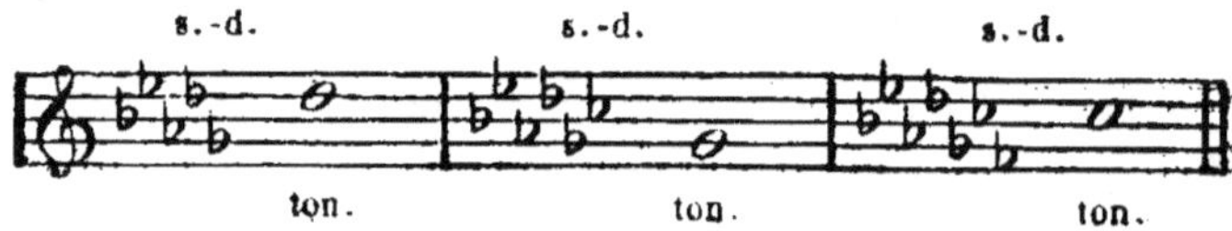

Exercices.

Faire tracer aux élèves les tableaux des gammes par dièses et par bémols. Commencer à chanter avec la clef de *fa*. Chanter dans l'A, B, C, n°° 49, 50, 51, 52, 53, 55, 58, 59, 60.

Questionnaire.

Qu'entendez-vous par morceau de Musique dans le ton d'*ut*? — Qu'appelle-t-on modulation? — Qu'est-ce que moduler à la dominante? — Qu'elles sont les notes altérées quand on module à la dominante du ton d'*ut*, de *sol*, de *re*, de *la*, de *mi*, de *si*, de *fa*? — A quoi servent les dièses qu'on place à la clef et surtout le dernier? — Comment trouve-t-on alors la tonique, et par suite, la médiante, la dominante du ton? — A quel intervalle se placent les dièses et pourquoi? — Nommez la série des dièses? — Qu'est-ce que moduler à la sous-dominante? — Mêmes questions que pour les dièses? — Qu'appelle-t-on armure de la clef?

CHAPITRE VIII.

HUITIÈME ESPÈCE DE SONS.

SONS CONSONNANTS ET SONS DISSONANTS.

86. — Lorsque les sons se succèdent d'une manière bien ordonnée, suivant les lois du *rhythme*, de la *mesure* et de la *modulation*, pour exprimer la pensée ou le sentiment, ils forment ce qu'on appelle Mélodie.

87. — Quand ils sont formés d'une suite d'*accords* selon les lois de la *modulation*, c'est ce qu'on appelle harmonie.

88. — L'*accord* est l'union de plusieurs sons qui, se faisant entendre à la fois, forment un ensemble harmonique. Il est *consonnant*, quand il cause une impression agréable; dans le cas contraire, il est *dissonant*.

89. — La nature elle-même, dans la vibration d'un corps sonore, nous fait entendre les sons qui, ainsi réunis, produisent cet effet qui nous charme. Voyez n° **121**

90. — C'est ainsi qu'on trouve un *accord parfait* dans trois notes dont la deuxième est à la distance d'une *tierce,* et la troisième à une *quinte* au-dessus de la première. Cette tierce, et cette quinte sont les notes *harmoniques* de la première.

91. — Chaque note de la gamme peut devenir, à son tour, le point de départ d'un accord qui prend son nom de la note fondamentale. Ainsi, avec chaque note naturelle de la gamme on en peut former sept.

Exemple.

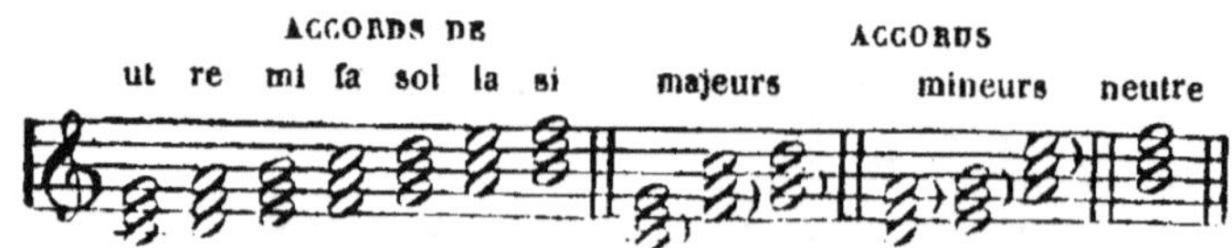

92. — Un coup d'œil jeté sur ces accords suffit pour nous faire voir qu'ils ne sont pas tous semblables, et que

l'impression doit, par conséquent, en être différente. En les chantant, nous en sommes encore mieux convaincus.

93. — On appelle *accords majeurs* ceux dont la première tierce est majeure ; tels sont les accords d'*ut*, de *fa*, de *sol*.

94. — On appelle *accords mineurs* ceux dont la première tierce est mineure ; tels sont les accords de *re*, de *mi*, de *la*. L'accord de *si*, composé de deux tierces mineures, n'est ni majeur, ni mineur ; appelons-le *accord neutre* ([1]).

95. — Tels que nous venons de les présenter, les accords sont dans leur état *direct ;* mais les termes peuvent changer de place et se présenter dans un ordre renversé ; d'où vient le nom de *renversement*. Les renversements varient l'effet de l'accord, sans l'empêcher d'être *consonnant* ou *dissonant* comme auparavant.

96. — Soit, pour exemple, l'accord $\begin{smallmatrix} sol \\ mi \\ ut \end{smallmatrix}$ En portant à l'aigu la note la plus grave, nous avons $\begin{smallmatrix} ut \\ sol \\ mi \end{smallmatrix}$ c'est-à-dire une *tierce* surmontée d'une *quarte* ; c'est le *premier renversement*. Tant que la *médiante* restera à la basse, quelque position que prennent les autres notes de l'accord, ce sera toujours le *premier renversement*.

97. — Portons une autre fois à l'aigu le terme le plus grave *mi* ; nous avons alors une *quarte* surmontée d'une *tierce* $\begin{smallmatrix} mi \\ ut \\ sol \end{smallmatrix}$ c'est le *deuxième renversement*.

([1]) Voyez N° 201.

Tant que la dominante sera à la basse, quelle que soit la position des autres notes, vous aurez toujours le *deuxième renversement.*

Exemple.

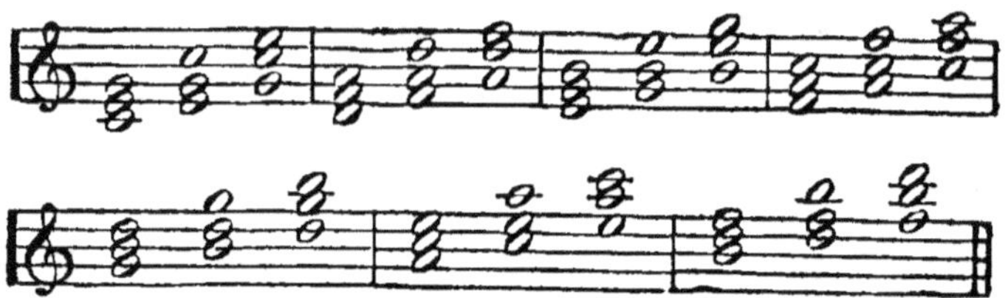

98. — Pour trouver le nom d'un accord renversé, il n'y a qu'à rétablir les notes dans l'état direct de deux tierces superposées; la note grave donne toujours alors son nom à l'accord.

99. — Comme l'octave du son principal produit de nouveaux rapports et de nouvelles consonnances, on ajoute souvent cette octave pour avoir un plus grand nombre de consonnances dans un même accord.

Exemple.

100. — Les notes de l'*accord parfait* chantées une ou plusieurs fois suffisent toutes seules pour disposer l'oreille au ton d'un morceau de musique qu'on se prépare à chanter.

Exercices.

Varier les exercices par des romances ou des morceaux d'ensemble proportionnés à la force des élèves. Remarquer les accords majeurs et mineurs des morceaux d'ensemble. Chanter dans l'A, B, C, n°ˢ 61, 62, 63, 64, 65, 71, 72, 73, 79.

Questionnaire.

Qu'entend-on par mélodie ? — Par harmonie ? — Par accord ? — Accord consonnant ? — Accord dissonant ? — Quelle est l'origine de l'accord ? — De quels intervalles se compose l'accord parfait ? — Combien peut-on former d'accords ? — Qu'est-ce que l'accord majeur ? — L'accord mineur ? — L'accord neutre ? — Qu'est-ce que l'état direct de l'accord ? — Le premier renversement ? — Le deuxième renversement ? — Comment trouve-t-on le nom d'un accord renversé ? — Quel effet produit à l'oreille le chant répété des notes d'un accord ?

CHAPITRE IX.

NEUVIÈME ESPÉCE DE SONS.

SONS TRISTES ET SONS GAIS.

101. — Par *sons tristes et sons gais*, nous voulons parler, non de l'impression qui résulte d'un son pris isolément, mais de celle qui résulte de la succession des sons, à intervalles conjoints ou disjoints, combinée suivant les règles de la mélodie ou de l'harmonie.

102. — La gamme d'*ut*, aussi bien que toutes celles qui lui ressemblent, et que nous avons formées avec les dièses et les bémols, repose sur un accord majeur. Si nous essayons d'en former une avec un accord mineur,

mi

ut par exemple, notre oreille nous dit de diéser le *sol*

la

pour en faire la *sensible* de la nouvelle gamme *la, si, ut, re, mi, fa, sol* ♯.

Nous sentons alors que l'impression produite par un chant composé dans ce ton n'est plus la même. Le sentiment que nous éprouvons a quelque chose de plus doux, de plus triste. Les autres gammes, au contraire, formaient un chant d'un caractère plus gai, plus décidé.

103. — C'est la manière dont nous sommes ainsi affectés par un ton qu'on appelle *mode*.

104. — Le mode est *majeur*, quand le chant repose sur un accord majeur. Le mode est *mineur*, lorsque cet accord est mineur.

Exemple.

105. — Ces deux gammes diffèrent :

1° Dans la note qu'on a diésée pour former la sensible du *mode mineur ;* ce qui donne, entre *fa* naturel et *sol* ♯, un intervalle plus grand qu'une seconde majeure.

2° — Dans la première tierce et souvent dans la première sixte qui sont *majeures* dans le *mode majeur,* et *mineures* dans le *mode mineur.*

3° Par l'impression qui en résulte.

106. — Ces deux gammes ont cependant entre elles une relation produite par les deux notes communes de l'accord qui leur sert de base, *sol.*

{ *mi*   *mi*)
(*ut*   *ut*)
la

De plus, en descendant, la gamme *mineure* est souvent composée des mêmes notes de la gamme *majeure,* sans aucune altération.

107. — Chaque *ton*, dans le mode *majeur*, a, de même, dans le mode *mineur*, un *ton* qui lui est relatif, et dont la tonique se trouve, comme celle de *la*, à une tierce *mineure* au-dessous de la tonique du ton majeur.

Exemple.

Tonique du ton majeur.

Tonique du ton mineur relatif.

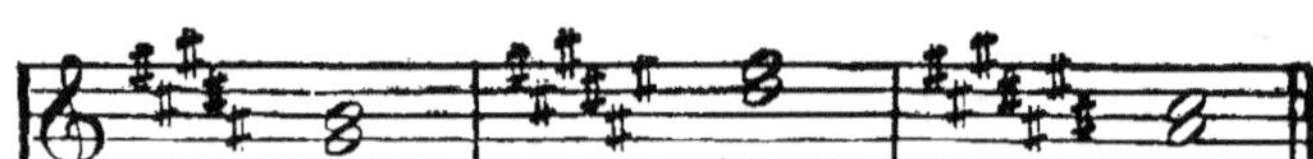

Tonique du ton majeur.

Tonique du ton mineur.

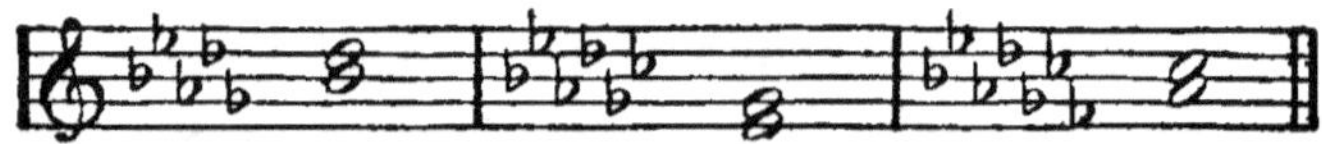

108. — On voit, par ces exemples, que l'armure de la clef, qui sert pour un *ton majeur*, ne change point pour le *ton mineur relatif*. Voici plusieurs moyens de distinguer l'un d'avec l'autre.

1° Si la dominante du majeur est élevée d'un demi-ton, nous entrons dans le mineur relatif auquel elle sert de sensible ;

2° Un air commence le plus ordinairement par l'une des notes de l'accord de la tonique, et il doit finir par cette tonique ;

3° **Le** moyen le plus sûr est de consulter l'oreille qui, dès les premières mesures, jugera de l'impression gaie ou triste du chant.

109. — Il ne faut pas confondre le *ton* avec le *mode*. Deux morceaux de musique peuvent être dans des tons différents, par exemple, l'un dans le ton d'*ut*, et l'autre dans le ton de *sol*, et tous deux être dans le même mode, soit majeur, soit mineur. Tous deux aussi peuvent être dans le même ton, dans le ton d'*ut*, par exemple; mais l'un, être dans le ton d'*ut, mode majeur,* et l'autre dans le ton d'*ut, mode mineur.*

Exercices.

Sur le mode mineur, sur les tons relatifs : chanter dans l'A, B, C, n°° 45, 46, 47, 48, 54, 66, 67, 68, 69, 70, 74, 75, 76.

Questionnaire.

Qu'entendez-vous par sons tristes et sons gais? — Quelle est l'impression produite par un morceau composé avec les notes d'un accord majeur ou d'un accord mineur? — D'où provient cette impression? — Qu'est-ce que le mode?—Le mode majeur?—Le mode mineur? — Quelle est la différence des gammes majeures et mineures, et quelle en est la relation? — Comment trouve-t-on la tonique d'un ton mineur, relatif d'un ton majeur, et réciproquement? — Nommez la tonique de chaque ton majeur, et de son ton mineur relatif? — Puisque l'armure des deux tons est la même, quels sont les moyens de distinguer l'un d'avec l'autre? — Quelle différence y a-t-il entre le ton et le mode?

CHAPITRE X.

DIXIÈME ESPÈCE DE SONS.

SONS LENTS ET SONS VIFS.

110. — Il serait peut-être facile de confondre les sons que nous appelons ici *lents* et *vifs* avec ceux que nous avons appelés *longs* et *brefs*. Voici la différence que nous concevons entre eux.

Un son peut être *lent* par rapport à la durée du temps, c'est-à-dire à la *mesure*, et *bref*, par rapport au *rhythme*, à l'unité principale dont il est une subdivision. Ainsi, une croche peut se prononcer *lentement*, dans un mouvement lent, et néanmoins, c'est une *brève* par rapport à l'unité de temps, la noire; et à l'unité de mesure, la ronde.

111. — Si l'on veut être compris en parlant la langue musicale, il faut s'appliquer à donner à un morceau de chant le mouvement qui lui est propre, c'est-à-dire le degré de vitesse ou de lenteur qui détermine la durée des sons.

112. — Il y a trois sortes de mouvements bien distincts, savoir : le *mouvement lent,* le *modéré* et le *vif.* Chacun d'eux se subdivise en plusieurs autres qu'on désigne par des expressions italiennes ou françaises.

113. — Voici les principales, avec les termes qui spécifient le caractère particulier d'un morceau, ceux qui ne servent qu'à modifier les mouvements primitifs, et quelques autres expressions en usage dans le discours musical.

VOCABULAIRE.

Accélérando................	En accélérant le mouvement.
Adagio....................	Posément, lent.
Ad libitum	A volonté.
Affettuoso.................	Avec douceur, mélancolie.
Agitato	Agité.
Allégro...................	Gai, vif.
Allégretto.................	Moins vif qu'Allegro.
Amoroso..................	Avec une douce langueur.
Andante	Allant, modéré, gracieux.
Andantino	Allant un peu, moins lent qu'Andante.
Animato..................	Animé.
Animo (con.)	Avec âme.
Aria......................	Air.
Ariette	Diminutif d'air.
Arpeggio	Arpège, manière de faire entendre successivement tous les sons d'un accord, au lieu de les frapper simultanément.
Assai	Beaucoup.
Attacca subito.............	Attaquez de suite.
Ballade	Chanson du 12ᵉ siècle, encore en usage dans les îles britanniques.
Ballet....................	Danse.
Barcarolle................	Chant des gondoliers de Venise.
Bolero....................	Air espagnol qui sert de chanson et de Danse.
Bravo, brava	Bon, bonne, exclamation.
Brillante	Brillamment.

Brio (con)	Avec éclat, augmentation de mouvement.
Brioso	Vif, agile.
Cadenza	Cadence, chûte (N° 285).
Calando	En diminuant.
Caldando	En échauffant.
Calore (con.)	Avec feu, avec chaleur.
Canon	Pièce de Musique où la mélodie s'accompagne par elle-même.
Cantabile	Chant aisé, doux, gracieux, lent.
Cantate	Petit poème mis en Musique.
Cantilène	Mélodie, pensée musicale.
Canzone	Pièce de Musique du genre de la romance et de la chanson.
Capo (da)	Au commencement.
Cavatine	Air composé d'un récitatif et de deux ou trois morceaux lents et vifs alternativement.
Choriste	Celui qui chante dans les chœurs.
Comodo	Commodément.
Coryphée	Chanteur qui, après avoir exécuté les solos qui se rencontrent dans les chœurs, se joint ensuite aux choristes.
Crescendo	En augmentant progressivement le son du doux au fort.
Decrescendo	En le diminuant du fort au doux.
Diapazon	Petit instrument d'acier à deux branches dont les vibrations donnent le *la* sur lequel s'accordent les voix et les instruments. On entend aussi par ce mot l'étendue de sons qu'une voix ou un instrument peut parcourir.
Diminuendo	En diminuant.
Dolce	Doux.
Duetto, duo	Morceau de Musique pour deux voix ou deux instruments.
Entrée, rentrée	L'*entrée* d'une partie est le moment où elle commence ; la *rentrée* est le moment où elle recommence après avoir compté des silences.
Espressivo, con espressione.	Expressif, avec expression.
Fanfare	Air militaire exécuté par plusieurs trompettes ou autres instruments de cuivre.
Fausset ou faucet	Voix de tête chez les tenors.
Fiéramente	Fièrement, avec noblesse.
Finale	Morceau par lequel terminent les actes d'un opéra.
Fioriture	Ornement.
Forte, fortissimo	Fort, très-fort.
Fugue	Morceau de Musique établi sur une phrase donnée qui passe alternativement dans toutes les parties.

Gavotte	Ancien air de danse.
Giusto tempo	Ni trop vif, ni trop lent.
Grave	Gravement.
Grazioso	Gracieux.
Larghetto	Plus lent qu'Andante et moins lent qu'Adagio.
Largo	Le plus lent de tous les mouvements.
Legato	Lié.
Leggiero	Léger.
Lento	Lentement.
Libretto	Poème d'opéra.
Loco	Retour à la position naturelle des notes.
Loure	Air de danse.
Maëstoso	Majestueux.
Maggiore	Majeur.
Maestro	Maître.
Marcato (ben)	Bien marqué.
Menuet, minuetto	Air à trois temps, d'un mouvement rapide.
Mezza, Mezzo	Demi.
Minore	Mineur.
Moderato	Modéré.
Molto	Beaucoup.
Morendo	En mourant.
Mosso (piu)	Plus animé.
Motet	Morceau de Musique sacrée.
Moto (con)	Avec mouvement.
Non troppo, non tanto	Pas trop.
Nocturne	Morceau de chant, d'un caractère simple, destiné aux sérénades.
Octuor	Morceau de Musique à huit parties.
Opéra	Drame en musique. Les italiens le partagent en trois genres : l'opéra *Sérieux*, le *Sémi-Sérieux* et le *Bouffe*. Les français appellent *Grand-Opéra*, celui qui est chanté d'un bout à l'autre ; *Opéra-Comique* celui où les acteurs parlent et chantent tour-à-tour.
Oratorio	Drame en Musique dont le sujet est pris dans la bible.
Orchestre	Réunion de musiciens.
Partition	Réunion de toutes les parties correspondantes d'une pièce de Musique.
Pastorale	Opéra dont les personnages sont des bergers.
Piacere (a)	A plaisir.
Piano, pianissimo	Doux, très-doux.
Pizziccato	Pincé.
Poco, un poco	Peu, un peu.
Poco a poco	Peu-à-peu.
Pot-pourri	Pièce de Musique composée d'un certain nombre d'airs connus, liés ensemble.
Prélude	Exercice composé des accords principaux du ton et du mode dans lequel on va jouer.

Presto, prestissimo.........	Vif, très-vif.
Quasi...................	Quasi, presque.
Quatuor, quartetto.........	Morceau pour quatre voix ou quatre instruments.
Quintetto, quintette........	Morceau pour cinq voix ou cinq instruments.
Rallentando...............	En rallentissant.
Rantz des vaches...........	Air populaire des montagnes de Suisse.
Récitatif.................	Partie de la Musique dramatique qui n'est point mesurée, et que le chanteur exécute à volonté.
Réplique.................	C'est le passage exécuté par une partie, et écrit en petites notes sur les autres parties, pour assurer la justesse et la précision de leur départ.
Rinforzando..............	En renforçant.
Ritardando..............	En retardant.
Ritournelle..............	Prélude instrumental qui précède le début de l'exécutant dans un air, ou dans un morceau quelconque.
Romance.................	Petit air d'un caractère simple et mélancolique, d'une mélodie douce et pure.
Rondeau.................	Morceau de Musique lent ou vif, dont le thème se reprend deux ou trois fois.
Roulade.................	Traits rapides dans le chant.
Scène...................	Air à plusieurs mouvements, précédé ou coupé de récitatifs.
Scherzando..............	Exécution légère et badine.
Scherzo.................	Badinage.
Segue..................	Suivez.
Semplice................	Avec simplicité.
Septuor, septetto..........	Morceau pour sept voix ou sept instruments.
Sextuor.................	Morceau pour six voix ou six instruments.
Sérénade................	Concert composé de voix ou d'instruments qui se donne le soir, sous les fenêtres de quelqu'un.
Sforzando...............	En renforçant.
Sicilienne...............	Air originaire de Sicile, à 6/8 modéré.
Sforzato................	Forcé subitement.
Smorzando..............	En diminuant.
Solfège.................	Collection d'exercices destinés à faire solfier les élèves.
Solfier.................	Chanter en nommant les notes.
Solo...................	Morceau exécuté par une seule voix ou un seul instrument.
Solmisation..............	Action de solfier.
Sonate.................	Composition instrumentale d'un genre brillant, formée de trois ou quatre morceaux de caractères différents.
Sostenuto...............	Large, soutenu.
Sotto voce..............	A demi-voix.
Spiritoso...............	Avec feu.

Staccato	Détaché.
Stretto	Serré.
Stringendo	En serrant.
Tarantelle	Air de danse napolitaine.
Tempo di marcia	Mouvement de marche.
Thème ou motif	Mélodie reproduite plusieurs fois, mais toujours avec de nouveaux changements qui l'ornent sans la faire oublier.
Tremolo, tremolando	Tremblement, en tremblant.
Trio	Morceau pour trois voix ou trois instruments.
Tutti	Tous.
Tyrolienne	Mélodie originaire du Tyrol, à trois temps modérés.
Vaudeville	Airs à chanter des couplets, dans les pièces auxquelles ils ont donné leur nom.
Villanelle	Air à voix seule ou à plusieurs parties, originaire de Naples.
Vivo, vivace, vivacissimo	Vivement, très-vivement.
Volti subito, presto	Tournez vite.

ABRÉVIATIONS.

114. — Il arrive souvent que plusieurs des expressions précédentes sont écrites en abrégé. On les apprend facilement par l'usage.

Accel.	*Voyez.*	Accelerando.	Mag.	*Voyez*	Maggiore.
And¹.		Andante.	Min.		Minore.
Andⁿᵒ.		Andantino.	P. PP.		Piano, pianissimo.
Allᵒ.		Allegro.	Poco F.		Poco forte.
Allᵗᵗᵒ.		Allegretto.	RF.		Rinforzando.
Cres.		Crescendo.	Ritard.		Ritardendo.
Decres.		Decrescendo.	Rall.		Rallentando.
Dol.		Dolce.	SF.		Sforzando.
D. C.		Da Capo.	SFZ.		Sforzato.
Esp.		Espressivo.	Smorz.		Smorzando.
F. FF.		Forte, fortissimo.	Stac.		Staccato.
Leg.		Legato.	String.		Stringendo.
Legg.		Leggiero.	V. P.		Volti presto.
MF.		Mezzoforte.	V. S.		Volti Subito.

115. — Voici, en même temps, les autres signes de convention employés pour éviter la répétition écrite des mêmes passages, ou des notes ayant la même valeur que celles qui les précèdent.

Deux points mis à la gauche d'une double barre de mesure marquent qu'il faut répéter la partie qui vient d'être exécutée ; s'ils sont à la droite, il faudra dire deux fois ce qui suit.

116. — Lorsqu'en répétant une partie d'un morceau de Musique, on doit omettre une ou plusieurs mesures de la fin, et les remplacer par d'autres mesures, ce changement s'indique par ces mots : **1ª** *volta*, **2ª** *volta*; première fois, deuxième fois.

117. — Si vous rencontrez ce signe ꝏ appelé *renvoi*, continuez jusqu'au signe semblable, puis revenez au premier, et terminez au mot *fin*, ou à la première double barre de mesure. Da Capo, **D. C.**, veut dire qu'il faut reprendre depuis le commencement.

Exemple.

118. — Pour marquer deux pauses on emploie une petite barre verticale, entre la troisième et la quatrième ligne, et pour la valeur de quatre pauses, une barre verticale entre la deuxième et la quatrième ligne. Pour un grand nombre de pauses, on a l'habitude de tirer sur la portée un trait oblique qu'on surmonte du chiffre indiquant le nombre de pauses à compter.

Exemple.

Exercices.

Chanter dans l'A, B, C, depuis n° 83 jusqu'à n° 94. Récapitulation des principes de la première partie.

Questionnaire.

Quelle différence concevez-vous entre les sons lents et vifs, et les sons longs et brefs? — Qu'entend-on par mouvement d'un morceau? — Combien y a-t-il d'espèces de mouvements? — Comment désigne-t-on le mouvement? — Est-il important de donner à un morceau le mouvement qui lui convient? — Dites en français la signification des termes Italiens les plus usités? — Expliquez les abréviations.

SECONDE PARTIE.

OBSERVATIONS PARTICULIÈRES SUR CHAQUE ESPÈCE DE SONS.

CHAPITRE PREMIER.

SONS GRAVES ET SONS AIGUS.

119. — Si la gamme connue, composée de cinq tons et deux demi-tons, était arbitraire, il faudrait néanmoins convenir que, de toutes celles qu'on peut lui comparer et chez les anciens et chez les modernes, elle est, pour nous, la meilleure, eu égard à notre organisation. L'oreille est ici un juge dont l'arrêt est sans appel.

120. — Mais loin d'être arbitraire, la nature semble l'avoir dictée elle-même, si l'on songe à l'analogie qui existe entre les sept couleurs primitives et les sept sons de la gamme, et si l'on remarque que, par leurs propriétés particulières, les sons affectent notre oreille d'une manière analogue à celle dont les couleurs affectent l'œil.

S'il entrait dans notre plan d'exposer ici la théorie des sons ; les principes d'acoustique nous apprendraient tout ce qu'on peut désirer savoir là dessus. Nous renvoyons à l'ouvrage de M. Biot, intitulé : *Précis élémentaire de Physique expérimentale.*

Voici quelques explications que nous fournit, en partie, M. Wilhem et qui suffiront pour le moment.

121. — Qu'on fasse résonner une corde basse d'un piano, d'une guitare ou d'un autre instrument à cordes ; outre le son de la note fondamentale, une oreille attentive et déjà exercée entendra résonner, entre autres, deux sons, à intervalle de douzième et de dix-septième au-dessus du son générateur. Réduits à leur plus simple expression (N° 130), ces intervalles donnent la *quinte* et la *tierce* au-dessus du son le plus grave, regardé comme tonique.

122. — Or, nous trouvons dans ces trois notes, *tonique, tierce, quinte,* d'après le phénomène de la vibration et de la résonnance des corps sonores, l'origine et la génération des sons de toute notre gamme.

123. — Prenons, pour exemple, la tonique des trois accords majeurs dont nous avons parlé : *ut, fa, sol.*

		ut	mi	sol
l'*ut*				
le *fa*	Produit		fa	la ut
le *sol*		re	sol	si (2ᵉ renv.)

Ce qui nous donne la gamme entière *ut, re, mi, fa, sol, la, si.*

Or, nous avons vu que c'est la nature elle-même qui nous donne ces notes harmoniques, qui forment les accords; donc, notre gamme, qui en dérive, est dans la nature, et n'est pas arbitraire.

124. — Ces trois notes, *ut*, *fa*, *sol*, nous les avons nommées *tonique*, *sous-dominante* et *dominante* de la gamme d'*ut*.

Dans chacune des autres gammes majeures par dièses et par bémols formées sur le modèle de celle-ci, nous trouverons également que la *tonique*, la *sous-dominante* et la *dominante* servent à produire tous les sons de ces gammes. Ces trois notes ont été appelées *cordes* ou *notes tonales*, parce qu'elles déterminent le ton.

125. — Dans les premiers siècles de notre ère, on se servait de lettres comme de caractères, pour écrire la Musique. Au XI° siècle, un moine bénédictin d'*Arezzo*, ville de *Toscane*, nommé *Gui* ou *Guido*, substitua aux lettres des points placés sur des lignes parallèles. Il désigna ces points sous les noms connus d'*ut*, *re*, *mi*, *fa*, *sol*, *la*, qu'il tira de la première syllabe de chaque hémistiche ou demi-vers de la première strophe d'une hymne de Saint-Jean-Baptiste.

> UT queant laxis REsonare fibris
> MIra gestorum FAmuli tuorum ,
> SOLve polluti LAbii reatum ,
> Sancte Joannes.

L'origine de cette hymne est assez curieuse. La voici, telle que la rapporte Guillaume Durand, évêque de Mende, au XIII° siècle :

« Paul Diacre, historiographe de l'Eglise romaine, » moine du célèbre couvent de Mont-Cassin, dans le » royaume de Naples, voulant un jour remplir son mi-» nistère, en bénissant le cierge pascal, fut tellement

» enroué que sa voix, auparavant si claire, ne pouvait
» plus se faire entendre. Afin d'obtenir la guérison de
» ce mal, il composa, en l'honneur de Saint-Jean-
» Baptiste, l'hymne qui commence par ces mots : *Ut*
» *queant laxis*. Voici la traduction de la première
» strophe : Afin que vos serviteurs, ô Saint-Jean,
» puissent chanter les merveilleux faits de votre vie,
» avec une voix pleine et sonore, dégagez leur bouche
» coupable des liens qui la captivent. » A peine avait-il
fini que son mal cessa, et que sa voix redevint aussi
belle qu'auparavant.

L'ancien chant de cet hymne est disposé de manière
que les syllabes musicales, *ut, re, mi, fa, sol, la,*
montent en réalité, par intervalles de secondes, comme
dans la gamme actuelle. Depuis longtemps on a changé
ce chant. Le *si*, qui déjà existait sous un autre nom,
ne fut ajouté que plus tard au XVII siècle.

126. — Les Italiens, et à présent aussi les Français
prononcent *do*, en chantant, la syllabe qu'ils appellent
ut, dans la gamme. La syllabe *do* est moins sourde et
plus douce à prononcer.

127. — Ce que nous nommons *la, si, ut, re, mi, fa, sol,*
est encore désigné aujourd'hui,
chez quelques peuples, par... A, B, C, D, E, F, G,

Ainsi, quand on trouve écrit en tête de certaines parties de Musique, ton en A, en D, en G, etc., cela
signifie ton de *la*, de *re*, de *sol*, etc.

128. — Avant *Gui l'Aretin*, chaque ligne de la
portée était précédée d'une des lettres ci-dessus qui
marquait le nom de la note placée sur la ligne.

Il ne retint que les trois lettres F, C, G.

fa, ut, sol, d'où nos trois clefs de *fa*, d'*ut*, de *sol* ont tiré leur origine. Cette dernière lettre avait autrefois la forme de la lettre grecque Γ, appelée *gamma*, ce qui a fait donner le nom de gamme à toute l'échelle musicale.

129. — L'étendue ordinaire de la voix humaine est, en général, de deux octaves environ, à partir du son le plus grave que la voix puisse rendre avec justesse, jusqu'au plus aigu, où elle puisse atteindre sans effort. Ce premier son, dans le grave, varie dans l'ordre du système des voix, selon la qualité, le corps et le volume des différentes voix.

130. — Il y a sept espèces de voix, savoir :

Voix de Femmes et d'Enfants. — Voix d'Hommes.
1er Dessus ou 1° Soprano . . . .
2° Dessus ou 2° Soprano . . . .
Contralto,   lien qui unit les voix   Alto au haute-contre.
. . . . Tenor ou taille.
. . . . Baryton ou concordant
. . . . Basse ou basse-taille.

131. — Pour déterminer le rang que les voix occupent on a inventé deux clefs de *fa*, sur la troisième et la quatrième ligne; quatre clefs d'*ut*, sur les quatre premières lignes; une clef de *sol*, sur la deuxième ligne.

132. — La clef de *sol* représente le quatrième *sol* du

piano (à six octaves et demie), à partir des notes basses ;
la clef de *fa*, le troisième *fa* ; la clef d'*ut*, le troisième
ut du piano.

133. — La clef de *sol* s'emploie pour les instruments
aigus.

La clef d'*ut*, première ligne pour le Soprano.

—   —   deuxième ligne   —   Contralto.

—   —   troisième ligne   —   Alto.

—   —   quatrième ligne   —   Tenor.

La clef de *fa*, troisième ligne   —   Baryton (peu usitée.)

—   —   quatrième ligne   —   Basse.

Exemples.

Correspondance des Clefs.   Notes à l'Unisson.

134. — Aujourd'hui, ces clefs ne sont usitées que
dans les *partitions*. On se contente d'employer la clef
de *sol* pour les voix hautes, et la clef de *fa* pour les voix
basses ; mais en tête de chaque partie, on écrit le nom
de la voix à laquelle cette partie appartient.

135. — Remarque. Il est temps de commencer à
vocaliser des gammes et des intervalles, si on ne l'a
déjà fait. *Vocaliser*, c'est donner aux sons le nom
d'une voyelle, au lieu du nom des notes qui les représentent.

On se servira d'abord de la voyelle *a*, comme plus

sonore et plus commode au gosier, pour attaquer légèrement et avec netteté les notes qui composent les traits.
On pourra se servir plus tard des voyelles *o, è* qui,
dans toute espèce de chant, doivent se prononcer la
bouche bien ouverte. La vocalisation des gammes majeures et mineures est un excellent exercice pour l'étude
de la musique instrumentale ou vocale, sous le rapport
de l'exécution souple et agile.

Exercices (¹).

Pour apprendre à reconnaître les différentes clefs.
Vocaliser des gammes et des intervalles. Vocalises de
l'A, B, C, page **109.** Suite de l'A, **B, C,** de **1** à **11.**

Questionnaire.

Notre gamme est-elle arbitraire? — Quel phénomène
produit la vibration d'un corps sonore? — Expliquez
l'origine des sons de la gamme? — Qu'appelle-t-on notes
tonales? — Historique des notes de Musique? — Quelles
notes représentent les lettres A, B, C, D, E, F, G?
— D'où proviennent les trois clefs dont on se sert? —
Quelle est l'origine du mot gamme? — Combien a-t-on
inventé de clefs? — A quoi servent-elles? — Quelle

---

(1) C'est au professeur à consulter les progrès de ses élèves pour voir s'il doit
revenir sur ce qui a été dit, ou continuer, ou faire ces deux choses à la fois, ou
même anticiper sur des principes qui ne seraient développés que plus loin dans
la Grammaire.

est l'étendue des voix? — Comment divise-t-on les voix par rapport aux individus? — Pour quelles voix emploie-t-on les différentes clefs? — Dans quel cas ces clefs sont-elles usitées? — Qu'est-ce que vocaliser? — Est-il bon de vocaliser des gammes?

CHAPITRE II.

SONS CONJOINTS ET SONS DISJOINTS.

136. — Les intervalles sont *simples* ou *composés*. On appelle intervalle *simple* celui dont les deux termes extrèmes ne dépassent pas les sept notes de la gamme.

137. — La huitième note appelée *octave* donne le même son, mais au grave ou à l'aigu, que la note de même nom, placée à huit degrés plus haut ou plus bas; et une suite de sons, ainsi à l'octave des autres, rappelle à l'oreille le même air que les sons placés à l'octave supérieure ou inférieure.

138. — Ce qui manque à un intervalle *simple* pour égaler l'octave, s'appelle *complément*. Pour le trouver, il faut porter à l'octave aigue la note qui est au grave. Cela s'appelle *renverser* l'intervalle. C'est donc par le *renversement* qu'on obtient le *complément*. Ainsi, la tierce *ut-mi* a pour complément la sixte *mi-ut*.

139. — L'intervalle est *composé* ou *redoublé* lorsqu'il atteint ou dépasse l'octave. L'Octave est le redoublement de l'unisson.

140. — En Arithmétique, quand on veut se faire l'idée d'une fraction dont les termes ont beaucoup de chiffres, on la réduit à sa plus simple expression ; de même, en Musique , pour se rendre compte d'un intervalle composé ou redoublé, on le simplifie en retranchant sept autant de fois que les sept notes de la gamme sont contenues dans le *redoublement*. Ainsi, une dixième est une tierce, une quinzième est un unisson triplé , ou une octave deux fois redoublée.

Exemple.

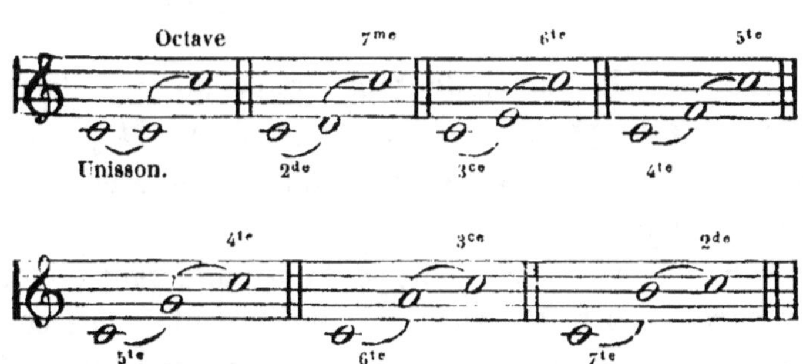

141. — D'après cet exemple, on voit que le complément d'une *seconde* est une *septième;* celui d'une *tierce* est une *sixte,* et ainsi de suite, de sorte que l'intervalle et son complément forment ensemble le nombre **9** , quoique l'octave, qu'on ne dépasse pas , ne comprenne que **8** sons, parce qu'il y a toujours un terme qui est répété deux fois.

5

142. — On voit encore que, lorsque l'intervalle proposé est majeur, le complément en est mineur. Celui-ci, au contraire, est majeur, quand l'intervalle proposé est mineur.

143. — De plus, 1° les intervalles pairs, comme l'*octave*, la *sixte*, la *quarte*, la *seconde* ont sur la portée, des positions différentes : quand un terme est sur une ligne, l'autre est dans un interligne.

2° Les intervalles impairs, comme la *septième*, la *quinte*, la *tierce* ont des positions semblables; c'est-à-dire que les termes sont tous les deux sur une ligne, ou tous les deux dans un interligne. Toutes ces remarques aident beaucoup à faire reconnaître les intervalles.

144. — Si l'on veut acquérir une grande assurance dans l'intonation, il est important de s'habituer à apprécier d'un coup d'œil les intervalles que la voix doit franchir.

145. — Un intervalle plus grand qu'un intervalle majeur, est appelé *augmenté*. Ainsi, de *ut* naturel à *re* ♯, il y a une seconde augmentée, composée de deux tons et demi.

146. — Un intervalle plus petit que l'intervalle mineur, est appelé *diminué*. Ainsi, le complément de la seconde augmentée *ut–re* ♯ est *re* ♯ *–ut,* septième diminuée, composée de trois tons et trois demi-tons.

Exemple.

SECONDES avec complément de **SEPTIÈMES.**

TIERCES avec complément de **SIXTES.**

QUARTES avec complément de **QUINTES.**

Exercices.

Sur les compléments et les renversements d'intervalles.
Accoutumer les élèves à la juste appréciation des in-

tervalles majeurs, mineurs, augmentés, diminués, qu'on lui fait entendre. Faire exécuter, à volonté, aux élèves, des intervalles quelconques, dans quelque ton que ce soit. Vocaliser des intervalles et autres exercices. (Suite de l'A, B, C, de n° **11** à **16**.)

Questionnaire.

Qu'entend-on par intervalle simple? — Par complément, renversement? — Par intervalle composé? — Comment simplifie-t-on un intervalle composé? — Nommez les compléments de tous les intervalles? — Quel nombre forme l'intervalle proposé et son complément, et pourquoi? — Quels sont les compléments des intervalles majeurs et des intervalles mineurs? — Quelle est, sur la portée, la position des intervalles **pairs** et des intervalles impairs? — Qu'est-ce qu'un intervalle augmenté, diminué? — Donnez des exemples.

CHAPITRE III.

147. — Dans la division des notes en parties égales, la *ronde* est prise pour unité de comparaison. Ainsi, la *blanche,* la *noire,* la *croche,* la *double-croche,* la *triple-croche,* la *quadruple-croche* représentent la moitié, le quart, le huitième, le seizième, le trentedeuxième, le soixante-quatrième de la *ronde.*

148. — Quant aux silences, c'est le soupir qui sert de terme de comparaison, voilà pourquoi l'on dit : demisoupir, quart de soupir, huitième de soupir, seizième de soupir.

149. — Lorsque la *noire* est prise pour unité de temps, la *blanche* est une *double-unité;* la *ronde,* une unité *quadruple.* Alors, les *croches,* les *doublecroches,* etc., sont des *moitiés,* des *quarts,* etc. de l'unité simple. Chaque note du *triolet* est comptée pour un *tiers.* Chaque note du *sextolet* pour un *sixième.*

150. — Toutes les fois que l'unité simple est autre qu'une noire, il s'en suit que les *moitiés,* les *quarts,* etc., sont autres, que les *croches,* les *double-croches,* etc. Ainsi dans la mesure à $\frac{3}{8}$, l'unité simple étant la *croche,* la *noire* est une *double-unité,* la *doublecroche,* une *moitié* d'unité.

151. — Outre la division de l'unité en *deux, trois, quatre, six* parties égales, il y a encore, accidentellement, la division en *cinq, sept, neuf, onze* parties; au-delà, ce sont des traits qui rentrent dans les ornements du chant dont nous parlons, N° **287.**

152. — Quelle que soit l'unité de mesure, la *pause* tient toujours lieu d'une mesure entière. Ainsi, elle vaut tantôt une *ronde,* dans la mesure à quatre temps, tantôt une *blanche,* dans la mesure à $\frac{2}{4}$, tantôt une *ronde ponctuée,* dans la mesure à $\frac{3}{2}$.

Exemples.

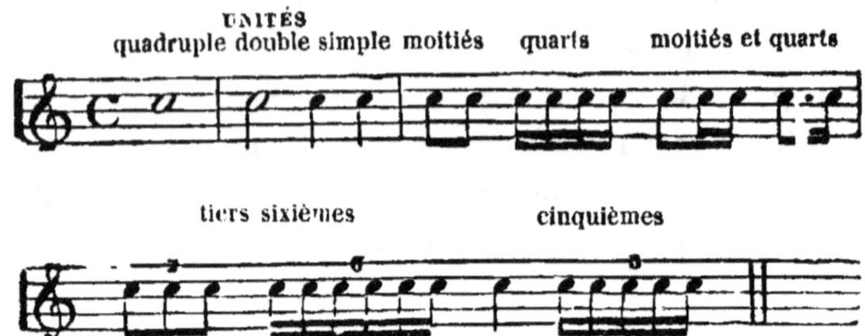

153. — Pour réunir en une seule plusieurs valeurs de notes, on les surmonte d'une *liaison*, et l'on nomme *tenue* le prolongement d'un son pendant plusieurs mesures.

154. — Le *coulé* ou *legato* consiste à bien lier entre elles une succession de notes.

155. — Le *détaché* ou *staccato* marqué par des points, a pour objet de bien détacher chaque note.

156. — *Lourer* est une manière de nourrir les sons avec douceur, et de marquer la première note de chaque temps plus sensiblement que la deuxième, quoique de même valeur. Cette manière d'exécuter est encore en usage pour les pastorales et toutes les compositions qui ont le caractère rustique et montagnard. Le *louré* se marque par des points sur chaque note, surmontés d'un trait qui les lie.

Exemple.

Exercices.

Sur toutes les valeurs de notes et de silences appli-
quées aux différentes mesures. Suite de l'A, B, C, de
N° 16 à 20.

Questionnaire.

Quelle est l'unité de comparaison pour la division des
notes en parties égales? — Et pour la division des silences?
— Quelle est la division des notes quand la noire est
prise pour unité de temps? — Et lorsque c'est une autre
note? — Quelles sont les valeurs différentes de la pause?
— Quest-ce qu'une liaison, une tenue, le coulé, le
détaché, le louré.

CHAPITRE IV.

SONS MESURÉS ET SONS RHYTHMÉS.

157. — On divise les mesures en *simples* et en *composées*.

158. — Les mesures *simples* sont celles qui servent
à former les autres. Ce sont : les mesures à rhythme
binaire, marquées par 2 ou ₵, $\frac{2}{4}, \frac{3}{4}, \frac{3}{8}$, C.

159. — Les mesures *composées* se forment des mesures simples en ajoutant de plus à chacune de celles-ci la moitié de leur valeur; telles sont les mesures à rhythme ternaire marquées par $\frac{6}{4}$, $\frac{6}{8}$, $\frac{9}{8}$, $\frac{9}{16}$, $\frac{12}{8}$.

Exemples.

160. — Remarques sur l'exemple précédent. La mesure est à deux ou à quatre temps quand le chiffre supérieur est pair; elle est à trois temps, quand il est impair.

161. — Dans toutes ces mesures, le chiffre inférieur, dénominateur d'une fraction, indique la division de la *ronde* en parties égales, et le chiffre supérieur, numérateur, indique combien on prend de ces parties pour la mesure entière.

162. — La mesure à $\frac{6}{8}$, n'est qu'un double $\frac{3}{8}$. Aussi, dans un mouvement lent, il est souvent plus facile de diviser un $\frac{6}{8}$ en deux $\frac{3}{8}$, et de battre ainsi deux fois à trois temps, au lieu de battre une fois à deux. Cela ne change rien au rhythme; car le temps fort doit toujours revenir sur le premier tiers. Un autre moyen de battre, à trois temps bien égaux, la mesure à $\frac{6}{8}$, dans un mouvement lent, c'est de marquer, avec la main, d'une manière égale, les trois tiers du frappé, et les trois tiers du levé, en appuyant toujours un peu plus fortement sur le premier tiers de chaque temps.

163. — La mesure à quatre temps se bat presque toujours à deux temps, dans un mouvement vif. Réciproquement, dans un mouvement lent, il est souvent plus facile de battre à quatre temps la mesure marquée par $\frac{4}{4}$ ou 2.

164. — Il existe d'autres mesures dont nous ne parlerons pas, parce qu'elles sont fort peu usitées dans la Musique moderne, telles que $\frac{2}{4}$, $\frac{3}{4}$, $\frac{3}{2}$. Elles sont, comme les précédentes, à deux ou à trois temps; l'unité seule est changée.

165. — Il n'existe pas de mesure à un temps, mais

quand le mouvement de la mesure à $\frac{3}{8}$ ou $\frac{3}{16}$ est trop précipité pour qu'on puisse marquer les trois temps, on bat cette mesure à un temps. Pour cela, on frappe le premier temps, puis on lève assez vivement au deuxième temps pour que celui-ci soit deux fois plus long que le premier.

166. — On trouve quelquefois, mais fort rarement, une mesure à cinq temps. Elle se décompose en une mesure à deux temps et en une autre à trois temps; ou bien, le premier temps se marque en frappant, le deuxième se bat à droite, le troisième à gauche, le quatrième à droite, le cinquième en levant la main, pour recommencer ensuite le frappé sur le premier.

Exemple.

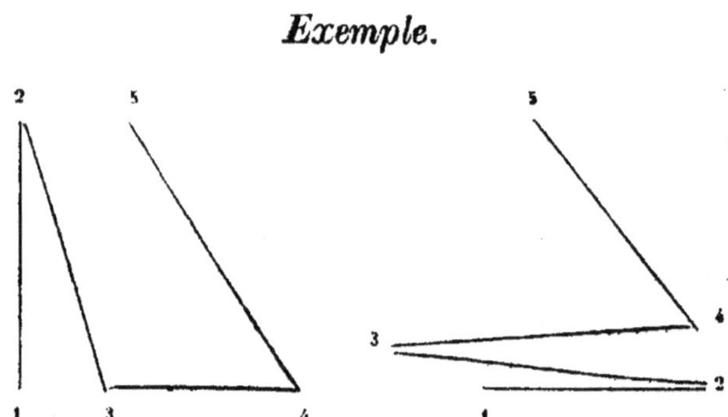

167. — Il existe encore une mesure à deux temps marquée par $\mathbf{C}$, dans les morceaux écrits, suivant la musique d'église dite *a capella*. Deux rondes forment la mesure. Elle se bat à deux temps, mais on fait deux mesures d'une seule, en prenant pour la première une ronde ou sa valeur, et pour la seconde l'autre ronde ou sa valeur.

168. On ne saurait entrer dans trop de détails sur

les moyens d'accoutumer l'oreille à saisir le mécanisme de la mesure. En voici un dont l'expérience nous garantit le succès. Avant de solfier un exercice, un air, ou les parties séparées d'un morceau d'ensemble, marquez avec la main, sans chanter, chaque temps de la mesure à deux, à trois, ou à quatre temps, en désignant l'unité et les subdivisions de l'unité, *ou bien encore nommez les notes, sans les chanter, en marquant la mesure pour chacune d'elles.* Une fois que vous vous serez ainsi parfaitement rendu compte de la mesure, la *sol-misation* sera rendue plus facile, et appliquer les paroles sur les notes ne sera ensuite que l'affaire d'un instant. Un exemple va rendre cela plus clair ; et ce que nous allons dire de la mesure à quatre temps, servira pour les autres.

169. — Sur l'unité *quadruple* ou *ronde*, prononcez *une* (¹) pendant quatre temps ; sur l'unité *double* ou *blanche*, vous direz *une* pendant deux temps ; sur l'unité *simple* ou *noire,* dites *une* pendant un temps ; sur deux *moitiés* ou deux *croches*, 1-2 pour un temps ; sur trois tiers, 1-2-3 ; sur quatre *double-croches* ou *quarts* de l'unité simple, 1-2-3-4 ; sur une moitié combinée avec deux quarts, 1-3-4, etc.

Donnez, en durée, à chaque dénomination ci-dessus, la valeur qu'elle doit avoir, suivant le rapport de la note avec l'unité principale dont elle est une sub-division.

Le point fera toujours prolonger le son de la moitié de la valeur de la note qui le précède, et s'il est suivi

---

(1) Prononcer *une* au lieu de *un* nous semble moins sourd.

d'une moitié, d'un tiers, d'un quart, prononcez après lui, **2**, **3** ou **4**.

Ayez soin surtout de bien faire sentir le temps fort, toutes les fois qu'il se présente, et quand vous trouvez des silences, comptez-les toujours pour les notes dont ils tiennent la place. Sur une pause, comptez **1-2-3-4**; sur une demi-pause, **1-2**; sur un soupir, **1**.

Ces notions suffiront ici pour aider et pour rappeler les explications du professeur, en classe, sur la manière de battre la mesure, dans quelque rhythme que ce soit.

Exemple.

Exercices.

Application des principes précédents aux différentes mesures à deux, à trois, à quatre temps. Vocalises et morceaux de chant avec paroles. Voir l'Album des Pensionnats, les récréations vocales de **M.** Panseron, les duos et les harmoniennes de **M.** Concone, etc. — Suite de l'A, B, C, de **25** à **26**.

Questionnaire.

Qu'entend-on par mesures simples ou composées ? —

Nommez les mesures simples et les composées à deux,
trois, quatre temps ? — A quoi reconnaît-on une mesure
à deux, trois, quatre temps? — Que signifient les
chiffres qu'on trouve après la clef ? — Comment se bat
la mesure à $\frac{6}{8}$ dans un mouvement lent ? — Et la mesure
à quatre temps, dans un mouvement vif? — Existe-t-il
encore d'autres mesures? — Y a-t-il une mesure à un
temps? — Qu'est-ce que la mesure à cinq temps ? —
La mesure *a capella*? — Quel moyen connaissez-vous
pour accoutumer l'oreille à saisir le mécanisme de la
mesure? — Faites l'application de ce moyen sur les
exercices.

CHAPITRE V.

SONS FORTS ET SONS FAIBLES.

170. — Outre les temps forts et les temps faibles que
nous avons reconnus dans chaque mesure, il existe,
de plus, dans chaque temps, dans chaque note même
d'un temps, une partie plus forte que l'autre qu'il est
bon de remarquer. Ainsi, une *ronde*, une *blanche*,
une *noire,* une *croche,* etc., est toujours divisée, ou
peut être conçue divisée en deux parties dont la première est plus forte que la seconde. Un chanteur bien

exercé doit savoir faire sentir cette différence plus ou moins sensible, suivant la nature et le mouvement de l'air, et suivant les divisions de l'unité.

171. — Telle est la règle générale. Les exceptions, qui sont nombreuses, ont pour but de varier le chant, en produisant de nouveaux effets. Le plus remarquable, avons-nous dit, est la syncope. C'est pour cela que nous la définissons : un son commencé sur un temps faible ou sur la partie faible d'un temps, et continué sur un temps fort, ou sur la partie forte d'un autre temps.

172. — Il faut toujours, en chantant, s'appliquer à bien attaquer la première partie de la note syncopée, en évitant avec soin de faire, sur la seconde partie de cette note, un renflement de son qui détruit l'effet de la syncope.

173. — Il y a syncope : 1° toutes les fois que deux notes de même nom sont liées d'une mesure à l'autre;

2° Lorsque, dans la même mesure, une blanche se trouve entre deux noires, ou une noire entre deux croches, pourvu que la seconde croche forme un temps avec la seconde partie de la noire;

3° Quand il y a un point après une note, s'il est suivi d'une autre note qui a la même valeur que lui. Dans ce dernier cas, la syncope est moins sensible. *Voyez l'exemple, N° 54.*

174. — Les autres exceptions aux temps forts et aux temps faibles sont, le plus souvent, indiquées par ce signe >, qu'on met au-dessus de la note du temps faible qu'on veut, accidentellement, rendre forte.

Exercices.

Solfier et vocaliser des exercices syncopés. Suite de l'A, B, C, n°s 21, 22, 26, 27.

Questionnaire.

Quels sont, en général, les temps forts et les temps faibles d'une mesure? — Quelles sont les parties fortes et les parties faibles des temps d'une mesure? — Comment définit-on la syncope? — Comment faut-il chanter la syncope? — Dans quels cas y a-t-il syncope?

CHAPITRE VI.

SONS NATURELS ET SONS ALTÉRÉS.

175. — Les *dièses* et les *bémols* nous servent à partager un *ton* en deux parties appelées *demi-tons*. Mais ces deux *demi-tons* sont-ils égaux?

L'expérience semble nous montrer que l'intervalle

qui existe de *fa* naturel à *fa* ♯ est plus grand que celui qui se trouve de *fa* ♯ à *sol,* et que l'intervalle qu'il y a de *si* naturel à *si* ♭ est plus grand aussi que l'intervalle de *si* ♭ à *la.* La tendance du *fa* ♯ à monter vers le *sol,* et celle du *si* ♭ à descendre vers le *la,* nous le font juger ainsi.

176. — La différence de ces deux *demi-tons* serait, suivant les théoriciens, d'un *neuvième* de ton qu'on appelle *comma.* Un ton renferme neuf de ces *commas.*

177. — Le demi-ton plus grand ou *majeur,* appelé *chromatique,* se trouve toujours d'une note naturelle à cette même note diésée ou bémolisée. Il est de *cinq commas.*

178. — Le demi-ton plus petit ou *mineur,* appelé *diatonique,* existe entre une note diésée ou bémolisée, et la note naturelle la plus voisine. C'est notre seconde mineure à laquelle appartient, dans toute gamme, le rôle de *sensible.* Il est de *quatre commas.*

179. — Pour donner avec justesse le son d'une note diésée, il faut penser, à la note supérieure qui la suit, et pour chanter juste le son d'une note bémolisée, il faut penser d'avance, à la note inférieure vers laquelle elle nous porte naturellement.

180. — Rien de plus facile, au moyen des dièses et des bémols, que de rendre plus petit un intervalle quelconque de *seconde,* de *tierce,* de *quarte,* de *quinte, etc.,* de plus grand qu'il était, et réciproquement. Par exemple, la tierce *majeure ut-mi* devient *mineure,* si l'on dièse l'*ut,* ou si l'on bémolise le *mi,* sans toucher à l'*ut.* La tierce *mineure mi-sol* devient *majeure,* si l'on dièse le *sol,* ou si l'on bémolise le *mi* sans toucher au *sol*. Mais un intervalle quelconque ne change pas d'espèce, si les deux notes qui le forment sont baissées ou élevées à la fois. C'est ainsi, en un mot, que se forment tous les intervalles majeurs, mineurs, diminués, augmentés. *Voyez page 61*.

Exemple.

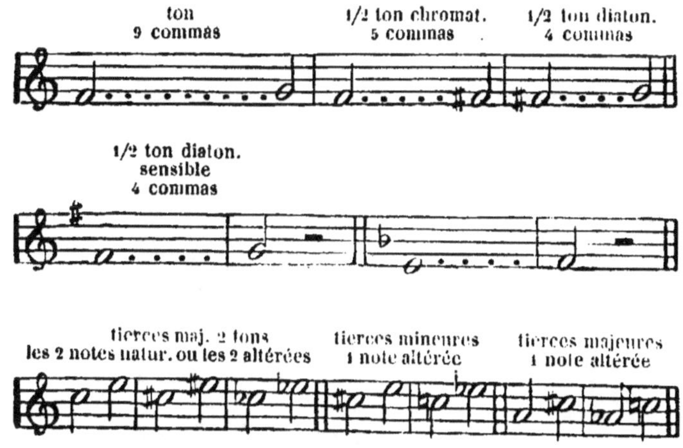

Exercices.

Sur la transformation des intervalles en majeurs, mineurs, augmentés, diminués. Suite de l'A, B, C, nᵒˢ **28** à **32**.

Questionnaire.

Les demi-tons sont-ils tous semblables? — Qu'est-ce que le demi-ton chromatique? — Le demi-ton diatonique? — Quelle est la différence entre-eux? — En combien de parties égales se divise le ton, le demi-ton chromatique et le demi-ton diatonique? — Le demi-ton qui sert de sensible est-il chromatique ou diatonique? — Quel moyen employez-vous pour attaquer avec plus de justesse une note diésée ou bémolisée? — Comment les intervalles peuvent-ils être rendus mineurs, majeurs, diminués, augmentés? — Qu'arrive-t-il à un intervalle, si l'on élève ou si l'on baisse à la fois ses deux termes?

CHAPITRE VII.

SONS MODULÉS.

181. — On est convenu d'appeler *gamme diatonique* celle dans laquelle les sons se succèdent suivant la division naturelle des tons et demi-tons de la gamme majeure ou de la gamme mineure.

182. — La gamme est chromatique, lorsque les sons se succèdent par demi-tons alternativement *chromatiques* et *diatoniques*.

183. — S'il existe quelques morceaux entièrement dans le *genre diatonique*, ils ne sauraient être un peu longs sans être monotones. Il ne peut, de même, en

exister entièrement dans le *genre chromatique*. Presque
tous tiennent à la fois du genre diatonique et du genre
chromatique.

184. — Remarque. *C'est principalement dans l'exécution d'une gamme ou d'une partie de gamme chromatique, que se fait sentir le besoin de donner des
noms* différents *aux notes qui passent par différents
sons. Le moyen dont nous nous sommes servis, nous
aide à chanter plus juste tous ces intervalles de*
demi-tons.

Gamme chromatique avec dièses.

Gamme chromatique avec bémols.

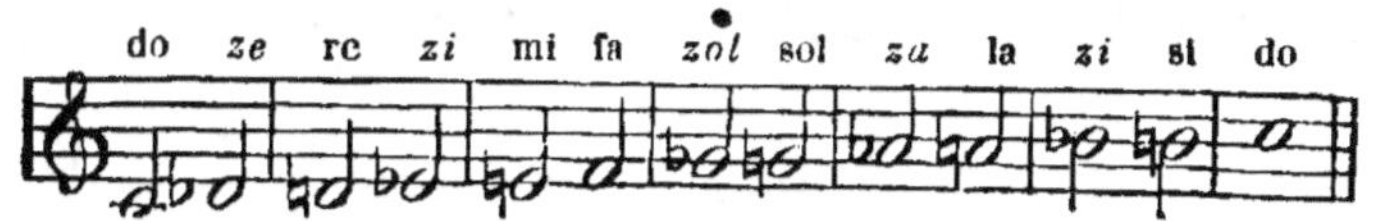

Genre ou transition enharmonique.

185. — De *si* naturel à *ut* naturel, deux notes de
nom différent, il y a un demi-ton diatonique.

De *si* naturel à *si* ♯, deux notes de même nom, il
y a un demi-ton chromatique. La différence des deux
demi-tons est un comma.

Cependant, sur le piano ainsi que sur beaucoup d'autres instruments, la même touche ou la même clef sert pour le son de *si* ♯ ou celui d'*ut* naturel, parce que cette différence est, pour ainsi dire, nulle à l'oreille.

Mais si, *dans la pratique*, il est indifférent de prendre pour tonique *si* ♯ ou *ut* naturel, on ne saurait le faire *théoriquement* : car, substituer ainsi une tonique à une autre, c'est admettre la différence d'un *comma*. Or, ce *comma* ne doit être amené que par une série de modulations réglées par les lois de l'harmonie.

186. — C'est cette *modulation,* ce passage d'une tonique à une autre, qui ne diffère de la première que d'un *comma*, qu'on appelle *transition enharmonique.* Elle produit beaucoup d'effet, quand elle est bien ménagée.

Exemple.

187. — Les modulations les plus ordinaires sont, en partant de la *tonique*, les modulations à la *dominante*, à la *sous-dominante*, notes tonales ; puis dans les tons relatifs de ces notes.

188. — Ces notes tonales ne peuvent être altérées sans que le ton soit changé, et leur retour fréquent établit ce qu'on appelle la *tonalité* d'un morceau de musique.

En effet, diésez, par exemple, la *sous-dominante fa* de la gamme d'*ut majeur*, vous passez dans le ton de la *dominante sol majeur;* diésez la *tonique ut*, vous entrez dans le ton de *re mineur*, relatif de la *sous-dominante;* diésez la *dominante sol*, vous passez en *la mineur*, relatif de la tonique *ut majeur.*

189. — Le ton par lequel commence et finit un morceau , s'appelle *ton principal.* Les notes tonales du ton principal , et leurs relatifs forment les *tons analogues.*

190. — Quelquefois aussi, pour produire des effets plus frappants, on néglige l'analogie, pour employer des transitions brusques et inattendues.

Exercices.

Sur des gammes et des parties de gammes chromatiques. Analyser les diverses modulations des exercices de chant. Suite de l'A , **B** , **C**, n^{os} **32** à **40.**

Questionnaire.

Qu'appelle-t-on gamme diatonique? — Gamme chromatique? — Existe-t-il des morceaux dans le genre diatonique seul , et dans le genre chromatique seul? — Est-il indifférent de confondre *si* ♯ avec *ut* naturel ? — Qu'entend-on par genre ou transition enharmonique? — Quelles sont les modulations les plus ordinaires? — Les notes tonales sont-elles invariables? — Qu'est-ce que le ton principal d'un morceau? — Et les tons analogues ? — Ne s'écarte-t-on jamais de l'analogie dans les modulations ?

CHAPITRE VIII.

191. — Les intervalles *consonnants* sont la *tierce*, la *quarte*, la *quinte*, la *sixte*. Les intervalles *dissonants* sont la *seconde* et son complément la *septième*.

La *tierce* et la *sixte* sont les intervalles consonnants les plus agréables à l'oreille.

192. — Rappelons-nous qu'avec les notes naturelles de la gamme, nous avons reconnu trois sortes d'accords :

1° L'*accord majeur* composé, dans son état direct, d'une tierce majeure surmontée d'une tierce mineure.

$$\text{tierce mineure} \left(\begin{matrix} \text{sol} \\ \text{mi} \\ \text{do} \end{matrix} \right) \text{tierce majeure}$$

2° L'*accord mineur* composé, dans son état direct, d'une tierce mineure surmontée d'une tierce majeure.

$$\text{mineure} \left(\begin{matrix} \text{mi} \\ \text{ut} \\ \text{la} \end{matrix} \right) \text{majeure}$$

3° L'*accord neutre* composé de deux tierces mineures.

$$\text{mineure} \left(\begin{matrix} \text{fa} \\ \text{re} \end{matrix} \right.$$

$$\textit{id.} \quad (\text{si}$$

195. — De la transformation des intervalles au moyen des dièses et des bémols, n° **171**, il suit que ;

1° Si l'on bémolise la *médiante* de l'accord majeur, il devient mineur.

$$\text{mineure} \left(\begin{matrix} \text{sol} \\ \text{mi}\flat \\ \text{do} \end{matrix}\right) \text{majeure}$$

2° Si l'on dièse la *médiante* de l'accord mineur, il devient majeur.

$$\text{mineure} \left(\begin{matrix} \text{mi} \\ \text{ut}\sharp \\ \text{la} \end{matrix}\right) \text{majeure}$$

3° Diésez la *dominante* de l'accord neutre, il devient *mineur*.

$$\text{mineure} \left(\begin{matrix} \text{fa}\,\sharp \\ \text{re} \\ \text{si} \end{matrix}\right) \text{majeure}$$

4° Il devient *majeur*, si l'on en dièse à la fois la *médiante* et la *dominante*.

$$\text{mineure} \left(\begin{matrix} \text{fa}\,\sharp \\ \text{re}\,\sharp \\ \text{si}\,\sharp \end{matrix}\right) \text{majeure}$$

5° L'accord majeur devient *neutre*, si l'on en bémolise la médiante et la dominante.

$$\begin{matrix} \text{mineure} \left(\begin{matrix} \text{sol}\,\flat \\ \text{mi}\,\flat \end{matrix}\right. \\ \textit{id.} \quad \left. (\text{do} \right. \end{matrix}$$

6° L'accord mineur devient *neutre*, si la dominante seule se trouve bémolisée.

$$\begin{matrix} \text{mineure} \left(\begin{matrix} \text{mi}\,\flat \\ \text{ut} \end{matrix}\right. \\ \textit{id.} \quad \text{la} \end{matrix}$$

Exemple.

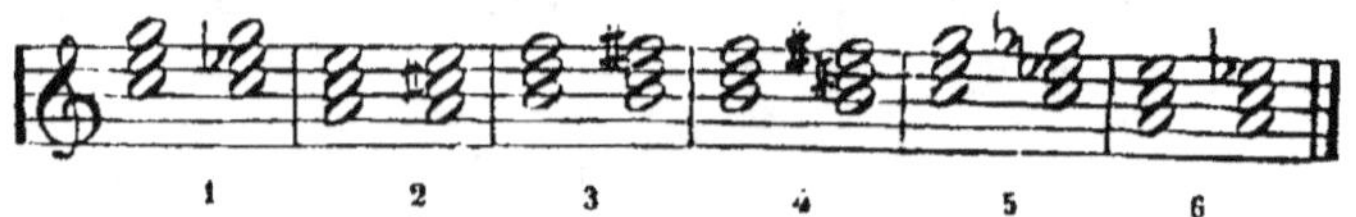

194. — Nous sommes loin de vouloir entrer ici dans le détail de tous les accords directs ou renversés qui sont du ressort de l'harmonie ; apprenons, toutefois encore, que trois tierces superposées peuvent aussi former accord.

195. — Prenons pour exemple les notes *sol-si-re-fa ; si-re-fa-la.* Un accord semblable s'appelle *accord de septième*, parce qu'il y a un intervalle de septième entre ses deux termes extrêmes, et *accord de dissonance,* parce que la septième est un intervalle dissonant.

196. — Si, dans son état direct, il a, comme *sol-si-re-fa,* pour note fondamentale la dominante du ton, on l'appelle accord de *septième de dominante.*

197. — Si, dans son état direct, la note fondamentale est la sensible même du ton, comme *si-re-fa-la,* il prend le nom d'accord de *septième de sensible.*

198. — Chacun de ces accords peut se présenter sous divers renversements.

199. — L'accord de *septième de sensible,* dans le *mode majeur,* est composé, dans l'état direct, de deux tierces mineures surmontées d'une tierce majeure.

la) majeure

mineure (fa
(re

id. (si

Dans le *mode mineur*, il est composé de trois tierces mineures. C'est pourquoi on le nomme alors accord de *septième diminuée.*

$$\text{mineure } \begin{cases} \text{fa} \\ \text{re} \end{cases}$$
$$\textit{id.} \quad \begin{cases} \text{si} \end{cases}$$
$$\textit{id.} \quad \begin{cases} \text{sol} \sharp \end{cases}$$

200. — Toutes les notes des accords précédents tendent à se résoudre sur les notes de l'accord de la tonique. Par exemple, dans l'accord de *septième dominante sol-si-re-fa*; le *sol* offre un repos sur la dominante d'*ut*, pris pour tonique; le *si* monte à l'*ut*; le *fa* descend vers le *mi*, médiante ou deuxième note de l'accord d'*ut;* le *re* va indifféremment vers l'*ut* ou vers le *mi*. Par conséquent, cet accord bien loin d'offrir un repos, a besoin d'une *résolution*, c'est-à-dire d'un autre accord qui, après lui, offre un repos à l'oreille.

201. — Ce que nous avons jusqu'ici appelé *accord neutre,* n'est pas autre chose que l'accord de *septième de dominante* dont la note fondamentale *sol* est retranchée. Réduit ainsi, il est connu plus généralement sous le nom d'accord de *quinte diminuée.*

Exemple.

Exercices.

Sur les accords et leurs transformations. Les analyser dans quelques morceaux d'ensemble, avant de chanter un morceau quelconque, vocaliser l'accord du ton et du mode, avec ses renversements. Suite de l'A, B, C, de 40 à 47.

Questionnaire.

Quels sont les intervalles consonnants et dissonants ? — Comment rend-on mineur un accord majeur, et réciproquement ? — Comment l'accord neutre devient-il majeur ou mineur? — Comment l'accord majeur et l'accord mineur deviennent-ils neutres? — Quatre notes peuvent-elles former accord? — Qu'est-ce qu'un accord de septième ? — Septième de dominante? — Septième de sensible? — Septième diminuée? — Qu'entend-on par résolution? — Les accords de septième offrent-ils un repos? — Qu'appelle-t-on accord de quinte diminuée? — Sur quel autre accord les accords de septième font-ils leur résolution? — Donnez un exemple.

CHAPITRE IX.

SONS TRISTES ET SONS GAIS.

202. — La gamme mineure, modèle de toutes les autres, est, ainsi que nous l'avons vu : *la*, *si*, *ut*, *re*, *mi*, *fa*, *sol* ♯.

Voici les intervalles *majeurs*, *mineurs*, *diminués*, *augmentés* qu'on y trouve.

Intervalles du mode mineur.

203. — La gamme mineure admet quelques modifications. Ainsi, pour ôter ce que la seconde augmentée a de dur pour l'oreille (Ex. suivant 1 et 2), les uns dièsent le *sol* et le *fa*, en montant (3) ; les autres, en descendant, ne dièsent aucune note (4). Le plus grand nombre emploie ces différentes variétés qui sont quelquefois des beautés, mais qui tendent souvent à jeter de l'obscurité dans le sens de la phrase musicale.

Exemple.

204. — La différence essentielle des gammes majeures et des gammes mineures, consiste donc, nous l'avons déjà dit, dans la *première tierce*, et *souvent* dans la *première sixte*, lesquelles sont *majeures*, dans le mode majeur, et *mineures*, dans le mode mineur.

205. — La septième, en montant, est toujours élevée pour devenir la sensible (1, 2, 3) ; quelquefois aussi, mais rarement, elle est baissée, en descendant à la sixte (4).

206. — La gamme *majeure* deviendra *mineure* si l'on bémolise la tierce et la sixte, et la gamme *mineure* deviendra *majeure*, si l'on dièse à la fois et la tierce et la sixte.

Exemple.

207. — Transformer ainsi la gamme *majeure* en *mineure*, ou la gamme *mineure* en *majeure*, c'est moduler au *mineur* ou au *majeur*, même base, même *tonique*. Il suffit, pour cela, comme on le voit, d'altérer la *tierce*, la *sixte*, la *septième*.

208. — Ces trois notes qui sont chacune à une tierce au-dessus de chacune des trois notes *tonales*, sont appelées *notes modales*, c'est-à-dire qui déterminent le mode.

209. — Si l'on vient à altérer quelqu'une de ces notes, dans une gamme majeure, on ne change pas de ton, à la vérité, mais on change de *mode* ou de manière d'être dans ce ton. Voilà pourquoi l'on dit que les notes *modales* sont *variables*, tandis que les notes tonales sont *invariables*.

210. — Quelquefois une mélodie n'offre pas les notes altérées qui annoncent d'ordinaire le changement de mode ou de ton. La modulation ne peut être alors appréciée que par l'examen ou l'audition des parties d'accompagnement, soit vocales, soit instrumentales.

211. — Remarque. Les intervalles que nous nommons *quarte mineure* et *quarte majeure*, sont appelés par quelques auteurs *quarte juste ou parfaite* et *quarte augmentée*. De même notre *quinte majeure*, *ut-sol*, ils l'appellent *quinte juste* ou *parfaite* ou encore *inaltérée*. Notre *quinte mineure si-fa*, complément de la quinte majeure *fa-si*, ils la nomment *quinte diminuée*. La dénomination d'intervalle *minime* ou *maxime*, au lieu de *diminué* ou *augmenté*, serait sans doute, avec celle d'intervalle *majeur* ou *mineur*, admise par tous, beaucoup plus juste et plus rationnelle.

Exercices.

Sur les intervalles du mode mineur, les faire écrire. Sur les gammes mineures, les vocaliser. Accoutumer l'oreille à saisir promptement la différence du mode majeur et du mode mineur. Suite de l'A, B, C, n° 47 à 57.

Questionnaire.

Quelles sont les modifications de la gamme mineure? — Quelle est la différence essentielle des gammes majeures ou mineures? — Comment la gamme majeure devient-elle mineure et réciproquement? — Qu'est-ce que moduler au mineur ou au majeur, même base, même tonique? — Qu'entend-on par notes modales? — Quelles sont-elles? — A quel intervalle sont-elles des notes tonales? — Les modales et les tonales sont-elles variables ou invariables? — Comment peut-on apprécier une modulation, quand une mélodie n'offre pas les notes altérées qui annoncent cette modulation? — Qu'entend-on par quarte juste ou parfaite? — Par quinte juste ou parfaite ou inaltérée.

CHAPITRE X.

SONS LENTS ET SONS VIFS.

212. — Malgré toutes les désignations en usage pour indiquer le mouvement d'un morceau, les mots dont on se sert, ont souvent une signification trop vague pour qu'il soit facile de saisir celui qui convient et que le compositeur a eu en vue.

213. — C'est pour remédier à l'inconvénient de l'arbitraire que, depuis plusieurs années, a été inventé un petit instrument appelé *Métronome,* c'est-à-dire régulateur de la mesure. Il indique d'une manière précise le véritable degré du mouvement.

214. — Le métronome dont on fait usage en Fance, porte le nom de Maelzel, célèbre mécanicien, né à *Ratisbonne* en **1772**, et mort aux *Etats-Unis* en **1838**, parce que c'est lui qui a inventé ou perfectionné cet instrument.

Voici à peu près en quoi il consiste.

Métronome.

215. — Dans une petite boîte de la forme d'une pyramide est caché un mécanisme simple dont on monte les ressorts avec une clef. A ce mécanisme intérieur communique, *extérieurement*, par un point autour duquel elle est mobile, une tige de fer servant de balancier, qui s'élève libre jusqu'au sommet de la pyramide. Le long de cette tige, glisse une espèce d'anneau qu'on peut lever ou abaisser à volonté, et derrière, se trouve une échelle divisée en plusieurs parties numérotées d'inégale grandeur, depuis n° **208**, à partir du bas de l'échelle, jusqu'au n° **40**. Le balancier, une fois en mouvement, fait entendre un bruit réglé et cadencé, à peu près comme celui d'un pendule. L'anneau glissant le long de la tige est un poids qui déplace le centre de gravité, et qui détermine ainsi les diverses nuances de lenteur ou de vitesse des vibrations. Plus il s'éloigne de la base pour s'élever vers le n° 40, plus les vibrations sont lentes : plus il se rapproche de la base, vers le n° 208, plus elles ont de vitesse.

216. — Si donc vous trouvez en tête d'un morceau de musique ces signes : Métron. ♩— 100, après avoir monté les ressorts du mécanisme, faites glisser l'anneau mobile le long du balancier, jusqu'au n° 100 de l'échelle, puis laissez le tout en liberté. Par chacun de ses mouvements égaux, l'instrument vous donnera la durée d'une *noire*, et, par déduction, le degré du mouvement général convenable au morceau, d'après l'intention du compositeur.

217. — Celui qui chante seul doit commencer toujours par consulter le *métronome*, et se bien pénétrer du sens du morceau qu'il chante, pour en saisir le véritable mouvement. Dans les morceaux d'ensemble, les yeux attentifs sur celui qui dirige, devront suivre exactement sa mesure, sans rallentir, sans précipiter, sans la battre à part, d'une manière apparente.

Exercices.

Application des mouvements du métronome aux exercices de chant. Suite de l'A, B, C, la fin. *Récapitulation des principes* de la première et de la deuxième partie.

Questionnaire.

Les termes italiens qui désignent le mouvement d'un morceau sont-ils toujours suffisants? — Qu'est-ce que le métronome? — Comment et quand s'en sert-on? — Qui est-ce qui indique le mouvement, dans les morceaux d'ensemble?

TROISIÈME PARTIE.

SYNTAXE.

218. — Le mot Syntaxe signifie *arrangement*, *cons-truction*.

Nous appelons *Syntaxe* cette partie de la Musique qui traite de l'arrangement, de la construction des sons, de la place qu'ils occupent dans chaque phrase destinée à exprimer une pensée, un sentiment.

219. — Notre intention n'est pas de nous exercer ici aux règles de l'*harmonie* ou de la *composition*.

Cette partie de la musique qu'on peut en appeler la *rhétorique*, doit faire le complément des études musicales. Quant à nous, nous ne sommes encore qu'aux éléments.

220. — Après avoir étudié, séparément, chaque espèce de sons, nous prendrons un morceau choisi de quelque bon compositeur, et nous essaierons d'*analyser* les parties qui le composent, d'après les notions déjà acquises ; heureux si nous pouvons avoir l'intelligence des airs que nous chantons ou que nous entendons chanter, assez bien pour goûter les beautés et rejeter les défauts des œuvres musicales qui font l'objet de nos études!

221. — C'est ainsi que nous commencerons à développer en nous cette faculté si précieuse et si rare, appelée le *goût*, par laquelle nous jugeons sainement d'un ouvrage, et nous en sentons vivement les beautés ou les défauts; ainsi, nous poserons les bases de nos premières connaissances dans la littérature musicale; puisque celle-ci n'est autre chose que l'étude des modèles, jointe au goût et au sentiment des beautés qu'ils renferment. Ainsi, nous nous préparerons aux études plus sérieuses qui attendent l'harmoniste et le compositeur (¹).

222. — L'*analyse* qui va nous occuper est *grammaticale* ou *logique*. Avant d'expliquer en quoi l'une et l'autre consistent, il est à propos de dire ici quelques mots des *phrases*, dans la langue musicale.

§ 1ᵉʳ

Construction générale des phrases en musique.

223. — Une *mesure* renferme un certain nombre de mots ou de sons.

224. — La *Phrase* musicale se compose de plusieurs mesures dont l'ensemble doit former un sens, non

---

(1) Si ce petit ouvrage obtient quelque succès, nous nous proposons de publier un cours élémentaire de littérature musicale, qui fera suite à la grammaire.

seulement intelligible pour l'oreille, mais aussi capable de faire impression sur l'esprit ou sur le cœur.

225. — La *Période* se compose de plusieurs phrases qui en forment les membres, et après chacune desquelles le sens est suspendu jusqu'à la dernière.

226. — Il y a des phrases de *deux,* de *trois*, de *quatre* et même de *cinq* mesures, auxquelles correspondent d'autres phrases de *deux,* de *trois,* de *quatre*, de *cinq* mesures, de sorte qu'on peut encore les appeler phrases de *quatre,* de *six*, de *huit*, de *dix* mesures.

227. — On appelle *carrure*, cette symétrie par laquelle, à des phrases de quatre mesures, correspondent des phrases semblables, et pour le nombre des mesures, et pour l'arrangement des temps. C'est l'oreille elle-même qui exige cette correspondance, cette symétrie qui constitue une autre espèce de rhythme, *le rhythme des phrases.*

228. — Quelquefois la première de quatre mesures est coupée par un repos incident au milieu, au bout de deux mesures; l'oreille exige alors que la même césure musicale se fasse sentir dans la phrase complémentaire. Si le sens musical reste suspendu après la deuxième phrase de quatre mesures, une troisième de quatre mesures doit servir de complément, pour que l'oreille soit satisfaite.

229. — Il y a certaines phrases *elliptiques* où il faut compter deux mesures, au lieu d'une, parce qu'il y en a une sous-entendue.

230. — Dans d'autres, au contraire, par *pléonasme*, il y a des mesures ajoutées qui ne comptent pas dans la phrase. Ces mesures sont quelquefois appelées *Echo*.

231. — Parfois enfin, certaines notes de passage servent de liaison, de *transition* d'une phrase à une autre, d'un membre de phrase à un autre membre. Avec un peu d'attention, on apprendra à les reconnaître, et à remarquer l'endroit où commence et finit chaque phrase.

232. — Les phrases de deux fois quatre mesures sont les plus ordinaires et les plus parfaites. On les appelle *carrées*.

233. — Celles de deux fois trois mesures offrent aussi à l'oreille un repos suffisant, surtout si la symétrie règne dans toutes les deux.

234. — Le rhythme de deux fois deux mesures est très-court, et s'emploie principalement dans des morceaux lents.

235. — Le rhythme de cinq mesures est peu usité, il doit toujours avoir un complément, ce qui fait une phrase de dix mesures; chaque membre de cette phrase se décompose en membres de deux et de trois mesures.

236. — Telles sont les règles générales sur la construction des phrases musicales. S'il existe des exceptions, ce sont des irrégularités qui peuvent nous plaire un instant, mais qui, rendues trop fréquentes, fatiguent bientôt et l'oreille et l'esprit, en nous faisant apprécier plus vivement encore les charmes d'une musique bien rhythmée.

237. — *Phraser,* c'est, dans l'exécution, présenter la période musicale avec élégance et noblesse, l'orner de tous les agréments inspirés par le goût, et la conduire avec art, depuis son début, jusqu'à sa conclusion. Pour bien phraser ainsi, il faut d'abord bien saisir le caractère du chant, sa division en phrases distinctes , et son rapport avec les paroles.

Exercices.

Faire reconnaître les phrases distinctes des exercices et des morceaux chantés par les élèves. Après la suite de l'A, B, C, prendre le solfège à deux voix de M. Panseron, ou le solfège élémentaire à une et à deux voix de M. Concone.

Questionnaire.

Qu'est-ce que la syntaxe en musique? — De quoi se compose la phrase musicale? — La période? — De combien de mesures sont les phrases? — Qu'entend-on par carrure de phrases? — Par phrases elliptiques? — Pléonasme? — Echo — Transitions? — Quelles sont les phrases les plus parfaites et les plus ordinaires? — Les phrases de deux, de trois, de cinq mesures sont-elles également usitées? — Que dites-vous des exceptions? — Qu'est-ce que phraser? — Que faut-il pour bien phraser?

§ 2.

Analyse grammaticale.

238. — Considéré *grammaticalement*, un morceau de musique a autant de parties qu'il y a de caractères ou de signes dans chaque mesure.

259. — L'analyse grammaticale est donc la décomposition de la *mesure* dans toutes ses parties.

240. — Faire l'analyse grammaticale d'un morceau de musique, ce sera reconnaître :

1° La clef et la mesure indiquée après la clef ;

2° L'explication des signes et des mots italiens ;

3° La division de l'unité ou le rhythme de chaque mesure ;

4° Les intervalles avec leurs compléments.

§ 5.

Analyse logique.

241. — Considéré *Logiquement*, un morceau de musique aura autant de parties qu'il y aura de phrases avec leurs correspondantes, avec leurs modulations.

242. — L'analyse logique est donc la décomposition de la *phrase* dans ses différentes parties.

245. — Faire l'analyse logique, ce sera reconnaître :

1° Le ton et le mode d'un morceau de musique ;

2° Les phrases principales, incidentes, carrées, elliptiques, les pléonasmes, les transitions ;

3° Les diverses modulations avec l'impression qui en résulte ;

4° Les accords avec leurs renversements.

244. — Remarque première. L'analyse est *simple* ou *raisonnée : simple,* quand on n'exige qu'une réponse directe et non développée à chacune des quatre questions indiquées ci-dessus pour les deux analyses ;

raisonnée, quand on prend occasion de rappeler, à chaque numéro, toutes les questions qui, de près ou de loin, ont trait à ces différents articles. C'est un excellent moyen de repasser tout ce qu'on a vu précédemment. La première analyse sert pour les commençants ; la seconde, pour les élèves plus avancés.

245. — REMARQUE SECONDE. Pour que ces analyses soient faites d'une manière plus uniforme, chaque élève tracera sur une feuille un tableau de quatre colonnes dont chacune aura pour titre, le titre même indiqué aux numéros ci-dessus 1, 2, 3, 4. L'explication servant de réponse au titre trouvera sa place dans la colonne.

246. — S'il n'est pas toujours possible de faire l'analyse *écrite* des exercices, on pourra se contenter de l'analyse *orale*, c'est-à-dire, de celle qu'on fait faire de vive voix à l'élève, pendant la classe.

Exercices.

Analyse grammaticale ou logique, simple ou raisonnée, des exercices ordinaires et de quelque morceau choisi (*Voyez l'exemple, page* **100**).

Ne jamais rien chanter en classe sans commencer par faire l'une ou l'autre analyse.

Questionnaire.

Qu'est-ce que l'analyse grammaticale ? — En quoi consiste-t-elle ? — Qu'est-ce que l'analyse logique ? — En quoi consiste-t-elle ? — Qu'entendez-vous par analyse simple ? — Raisonnée ?

MODÈLE D'ANALYSE GRAMMATICALE SIMPLE.

A, B, C, page 124, *Vocalise*, N° 80.

CLEF. — MESURE.	SIGNES.	RHYTHME.	INTERVALLES.
CLEF DE SOL sur la 2ᵉ ligne. MESURE à 2 temps, 2 quarts de la ronde ou 1 *blanche* pour unité de mesure; 1 *noire* ou sa valeur pour unité de temps. *Mesure simple* dont la composée est $\frac{6}{8}$; elle se marque par un frappé et un levé de la main droite. Avant de solfier, faire la lecture rhythmique de l'exercice, en battant la mesure, comme il est dit N° 159.	N° 92 du *Métronome* pour la durée d'un temps. *Andantino*, mouvement grâcieux, modéré, moins lent qu'Andante. *Sempre legato*, toujours lié. Les passages dont il faut lier les notes sont surmontés d'un *trait*. Les *virgules* indiquent la respiration. P., piano, chantez avec douceur. Plusieurs dièses et bémols accidentels avertissent d'élever ou d'abaisser le son d'u 1/2 ton. A ce signe ➤, commencez le son fort pour le diminuer ensuite.	RHYTHME BINAIRE. 1ᵉʳ temps fort, 2ᵉ faible. La *syncope* fait exception. On la trouve dans les mesures 15, 31, 37, 38, 48, 52, 54, 55. Bien attaquer la note syncopée dont la force est marquée par ce signe ➤. 1ʳᵉ MESURE. 1 noire pour chaque temps. 2ᵉ *id.* 1 noire pour le 1ᵉʳ temps, le point et les deux double-croches pour le 2ᵉ 3ᵉ MESURE. 2 croches pour chaque temps. Le *re*, petite note d'agrément, ne compte pas dans la mesure, il emprunte sa valeur de la croche qui suit, etc., etc.	PREMIÈRE MESURE : 1 tierce mineure, *la-ut* (1 ton 1/2); complément la sixte majeure, *ut-la* (4 tons 1/2); surmontée de la tierce majeure, *ut-mi* (2 tons); complément la sixte mineure, *mi-ut* (3 tons, 2 1/2). CINQUIÈME MESURE : de *sol* à *si*, tierce mineure, parce que le *sol* est dièsé. HUITIÈME MESURE : *mi-si* (3 tons 1/2) quinte *majeure* ou *juste* ou *parfaite* ou *inaltérée*; complément de *si-mi*, (2 tons 1/2), quarte *mineure* ou *juste* ou *parfaite*, etc., etc.

MODÈLE D'ANALYSE LOGIQUE.

Suite de l'A, B, C, N° 74, page 104.

TON ET MODE.	PHRASES.	MODULATIONS.	ACCORDS DIRECTS ET RENVERSÉS.
La clef est armée de 2 bémols. Je dois être ou dans le ton de l'avant dernier, *si bémol*, mode majeur, ou dans le ton relatif de *sol naturel*, mode mineur, dont la sensible serait *fa dièse*. Le chant des quatre premières mesures, avec le *fa naturel*, m'assure que je suis dans le ton de *si bémol*, mode majeur.	Je compte trois Périodes dans cet exercice : LA PREMIÈRE composée de 2 phrases carrées de 2 fois 4 mesures chacune. Au milieu de chaque membre de phrase, c'est-à-dire après 4 mesures, il y a un repos incident : le premier sur la 2ᵉ note, le second sur la 3ᵉ note de l'accord de la dominante *fa*. Chaque phrase finit sur la tonique du ton principal. LA DEUXIÈME PÉRIODE commence à la 16ᵉ mesure. Elle est composée comme la première. De plus, le premier membre de la deuxième phrase est coupé par un repos, après 2 mesures. Le même repos se fait sentir 2 mesures plus loin, et les trois notes qui finissent la mesure servent de transition à la seconde phrase. LA TROISIÈME PÉRIODE, composée de trois phrases, commence à la 32ᵉ mesure. Le sens de l'avant-dernière phrase est suspendu sur un *re bémol*, il faut aller 2 mesures plus loin pour la fin. L'auteur a ajouté une dernière phrase de 4 mesures, pour terminer par un point d'orgue. La même symétrie se fait à peu près remarquer dans toutes les phrases.	Le ton principal étant *si bémol*, les modulations ordinaires seraient celles des notes tonales *fa*, *mi bémol*, ou celle des tons mineurs relatifs. La deuxième période module en *sol*, comme le fa dièse l'indique; mode mineur, parce que la première tierce *sol si bémol* est mineure; c'est le relatif de si bémol majeur. L'impression qui résulte de cette modulation a quelque chose de plus doux, de mélancolique, et le retour au majeur par le *fa naturel*, n'en a que plus de grâce et de gaîté.	L'accord de *si bémol majeur* est dans l'état direct *si bémol-re-fa*. 1ᵉʳ renversement, *re-fa-si bémol*. 2ᵉ renversement, *fa-si bémol-re*. L'accord de *sol naturel mineur*, ton relatif dans lequel on module, est *sol-si bémol-re*. 1ᵉʳ renversement, *si bémol-re-sol*. 2ᵉ renversement, *re-sol-si bémol*. (S'il s'agit d'un trio, quatuor, etc., analyser les accords).

§ 4.

Lecture musicale.

247. — Nous apprenons la langue musicale ou pour la parler nous-mêmes, ou seulement pour comprendre ceux qui la parlent, ou, plus ordinairement, dans ces deux intentions à la fois.

248. — Celui qui veut la parler a beaucoup plus à faire que celui qui ne veut que se rendre compte à lui-même des impressions qu'il éprouve à l'audition des œuvres musicales.

249. — Pour se faire entendre, on se sert ou d'un instrument, ou de l'organe de la voix. Mais quel travail, quelle persévérance pour arriver au point de se servir avec succès de l'un ou de l'autre ! Avant tout, il faut être musicien.

250. — Vous le serez, quand vous aurez appris 1° à *solfier*, c'est-à-dire à donner à chaque son le nom de la note qui le représente ; 2° à *vocaliser*, c'est-à-dire à donner aux sons le nom d'une voyelle ; 3° à *chanter*, c'est-à-dire à émettre les sons en prononçant des paroles ; 4° à garder dans tous les cas une mesure exacte ; 5° à vous rendre compte, d'une manière sûre, de tous les principes de théorie.

251. — Tel est, en effet, le but de tous nos exercices ; apprendre à lire bien couramment les caractères de la langue musicale, avec toutes les clefs dont nous avons parlé; en reconnaître du premier coup d'œil la valeur et celle de tous les signes en usage; à la seule vue des notes qui se succèdent par degrés conjoints ou disjoints, se rappeler l'intonation des intervalles simples ou composés, et pouvoir ensuite y appliquer les paroles; donner aux notes la valeur indiquée d'après la mesure; soutenir les sons qui doivent être soutenus, quitter ceux qui ne doivent pas l'être. Si, par fois, vous vous arrêtez plus ou moins de temps qu'il ne faut sur une note, sur un temps d'une mesure, pour ensuite, par compensation, passer plus rapidement sur d'autres notes, sur d'autres temps, faites-vous néanmoins une règle générale de suivre, avec scrupule, la mesure que trop souvent quelques élèves négligent, et qui est pourtant le cachet du vrai musicien. Et quand vous entendrez dire que ce n'est pas en esclave que vous devez obéir à la mesure, qu'un chant aussi réglé que le mouvement d'un métronome devient monotone, somnolent, sans expression, suivez encore, dans vos écarts, les principes du bon goût que donne la nature, et que les leçons servent à diriger et à perfectionner.

252. — Ne nous flattons pas toutefois d'obtenir, en entier, un pareil résultat dans un cours simultané. La connaissance des valeurs, les éléments de l'intonation, la mesure, le développement de l'organisation musicale, par les charmes de l'harmonie, dans les morceaux d'ensemble; quelques principes de théorie, voilà les fruits principaux à désirer dans un cours de chant ordinaire. Mais rarement deviendra-t-on bon musicien, sans les exercices particuliers de solfège suivis avec persévérance. Que sera-ce donc si vous aspirez à devenir chanteur!

Un maître habile, sous la direction duquel vous vous mettrez, pourra seul vous initier aux secrets de cet art difficile qui exige une étude de toute la vie.

253. — Pour vous faciliter la lecture de la musique, nous vous conseillerons de prendre quelque solfège moderne, une partition, des morceaux de musique pour piano. Puis, exercez-vous à la valeur des notes, des silences et de tous les signes; analysez souvent chaque phrase, chaque mesure, chaque temps; copiez des romances, des airs ou autres morceaux de chant, ce qui vous familiarisera, en peu de temps, avec la connaissance de tous les signes usités ; et quand vous repasserez les exercices de la classe, ou que vous essaierez d'en chanter d'autres à votre portée, ne vous dispensez pas de battre la mesure en chantant; car celui qui n'en prend pas l'habitude en étudiant, n'ira jamais en mesure que par hasard et de routine. Mais aussi, une fois que vous sentirez bien la mesure, habituez-vous à chanter sans la battre, ni avec la main, ni avec le pied; ce qui paraîtrait trop écolier, et gênerait d'ailleurs celui qui vous dirige aussi bien que ceux avec qui vous exécutez de la musique.

Voulez-vous, de plus, apprendre à lire promptement avec toutes les clefs? faites usage de l'exercice de la transposition.

Transposition.

254. — La Transposition consiste à traduire un morceau d'un ton dans un autre, en substituant une autre gamme à celle qu'indique l'armure de la clef.

Ainsi, un morceau est en *sol* avec un dièse à la clef : vous voulez chanter un ton plus haut, en *la*. Il vous faudra trois dièses à la clef; mais quelle sera la clef? Votre nouvelle tonique *la* doit-être mise à la place du *sol* qui est sur la deuxième ligne, le *si* sera à la place du *la*, l'*ut* sur la troisième ligne, à la place du *si*; toutes les notes s'élèveront d'une seconde, et vous chanterez comme si vous aviez une clef d'*ut* troisième ligne. Chantez, au contraire, un ton plus bas, en *fa*. Supposez une clef d'*ut*, quatrième ligne, armée d'un *si bémol*, et les notes effectives... *sol, la, si, ut, re, mi, fa* ♯

deviennent pour vous.. *fa, sol, la, si* ♭*, ut, re, mi.*

255. — Un autre avantage de la *transposition*, c'est d'accommoder au diapason de la voix les notes d'un chant qui, sans cela, serait ou trop aigu ou trop grave.

256. — Il est bon de remarquer, à ce sujet, que pour hausser un morceau d'un demi ton *chromatique*, il faut changer sept accidents, c'est-à-dire, sept dièses ou sept bémols, tandis que pour le hausser d'un demi ton *diatonique*, il ne faut en changer que cinq. Ainsi, pour passer d'*ut naturel* en *ut dièse*, il faut ajouter sept dièses, et pour passer d'*ut naturel* en *re bémol*, il ne faut que cinq bémols; pour passer de *fa naturel* en *fa dièse*, il faut d'abord ôter le *si* ♭ du ton de *fa* et mettre à la place six dièses, ce qui fait le changement de sept accidents; et pour passer de *fa naturel* en *sol bémol*, nous n'aurons que cinq bémols de plus à ajouter au *si bémol*.

Exemples.

Exercices.

Transposer dans tous les tons des exercices de solfège ou des airs avec des paroles.

Questionnaire.

Qu'est-il nécessaire de savoir pour être musicien? — Les exercices d'un cours de chant suffisent-ils pour cela? — Quels conseils vous donne-t-on pour apprendre à lire couramment la musique? — Qu'est-ce que la *transposition*? — **A** quoi sert-elle ? — Qu'arrive-t-il quand on veut hausser un morceau d'un demi-ton diatonique, ou d'un demi-ton chromatique ?

§ 5.

Écriture.

257. — L'écriture musicale comprend ou la musique copiée d'après un modèle, ou la musique écrite sous la dictée.

Copie.

258. — Copier des morceaux de mélodie et d'harmonie, est, comme nous venons de le dire, un moyen sûr d'apprendre à bien lire la musique. Si vous voulez avoir une copie propre, que les notes et les silences soient biens distancés, que la forme de tous les signes soit gracieuse. Les notes seront un peu ovales, la queue ne dépassera que fort peu les cinq lignes de la portée soit en haut, soit en bas, de manière à laisser en blanc, pour les paroles, l'espace qui sépare les portées les unes des autres. Ne craignez pas de faire usage de la règle pour séparer, pour tracer les barres de mesures, et du crayon, pour que les mots, écrits en caractères fort lisibles, suivent une ligne parfaitement droite, et répondent exactement aux notes sous lesquelles il faut les chanter.

Si vous avez à copier quelque partie séparée d'un

morceau d'ensemble, marquez en tête le nom de cette partie, le mouvement du morceau, les signes de nuances, etc., et n'oubliez pas d'écrire en plus petites notes les dernières mesures d'un chant *solo*, pour avertir la partie qui compte des silences, du moment où elle doit rentrer. Enfin, imitez la musique qu'on grave aujourd'hui, puis relisez votre copie avec attention, pour voir si vous avez observé avec soin toutes les règles de l'orthographe musicale détaillées plus bas, n° 294.

Dictée.

259. — Un des fruits les plus utiles et les plus agréables à recueillir de nos études, c'est de pouvoir mettre facilement par écrit les airs que nous entendons chanter. Voici quelques moyens généraux propres à nous aider dans l'exercice des airs dictés.

260. — 1° Cherchez d'abord à bien retenir les sons ou les notes qui font connaître le ton et le mode de l'air chanté, puis marquez, après la clef, l'armure du ton dans lequel il se trouve.

2° Attentif aux intonations des intervalles, nommez et écrivez les notes du chant dicté que vous essayez de chanter tout bas en vous-mêmes;

3° Appliquez-vous à saisir les temps forts qui vous feront reconnaître la mesure à deux, à trois ou à quatre temps, rhythme binaire ou ternaire, puis tirez une barre de mesure avant ces temps;

4° Marquez avec soin la division de l'unité pour chaque temps;

5° Enfin, après avoir écrit tous les autres signes, s'il y en a, essayez de chanter votre air, pour voir si vous reconnaîtrez celui que vous avez voulu reproduire.

Exercices.

Faire de temps en temps l'examen des cahiers tenus par les élèves. Airs à écrire sous la dictée.

Questionnaire.

Que comprend l'écriture musicale? — Que faut-il pour une bonne copie? — Quels moyens donnez-vous de prendre un air sous la dictée?

§ 6.

Principes de Chant.

261. — Par le mot CHANT, nous entendons ici cet art qui a pour objet l'exécution de la musique vocale. C'est par la voix que naturellement nous exprimons nos sentiments; mais quand nous sommes sous l'influence d'une émotion puissante, cette voix est douée d'une force expansive qui nous porte à produire au dehors nos sensations agréables ou désagréables. Si alors elle forme ces sons variés et appréciables dont la durée, dont la succession est subordonnée aux règles établies par la nature, par le goût et l'expérience, elle produit ce *chant* qui a tant de charme et de pouvoir sur l'âme des auditeurs.

262. — L'organe principal de la voix est le larynx, sorte de canal qui aboutit à la base de la langue. L'ouverture supérieure du larynx, de forme oblongue, s'appelle glotte. Elle est fermée de chaque côté par deux muscles qui s'ouvrent ou se ferment à volonté et qu'on appelle *cordes vocales* ou *lèvres du larynx*. L'air chassé des poumons par l'expiration, traverse le larynx et fait vibrer ces cordes vocales contre lesquelles il se brise en produisant des ondulations sonores qui sont modifiées par l'épiglotte, cartilage qu'on a comparé à une feuille de pourpier, et qui sert à garantir la glotte, par le pharynx ou gosier, par le palais, la langue, les lèvres, les fosses nasales, les sinus frontaux et maxillaires; enfin, par tout l'appareil vocal (¹).

263. — Relativement à sa qualité, la voix est *bonne*, c'est-à-dire claire, sonore ou argentine, pleine, juste, agile, flexible, vigoureuse, forte, agréable, douce, riche, étendue, etc.; ou *mauvaise*, c'est-à-dire faible, mince, criarde, trop forte, nasillarde, gutturale, lourde, voilée, etc.

Mue de la Voix.

264. — Lorsque les enfants des deux sexes entrent dans l'âge de la puberté, il s'opère, dans leurs voix, un

(1) Le professeur devra expliquer ces différentes choses aux élèves capables de les comprendre

changement de son qu'on nomme *mue*. Les hommes perdent généralement une octave. La voix de femme change rarement de nature après la mue ; mais elle acquiert de la force, du timbre et souvent de l'étendue. Quelquefois la voix ne conserve plus qu'un petit nombre de notes ; souvent même elle se perd entièrement. Tantôt une voix dont les sons graves annonçaient une *basse-taille* ou un *contralto*, devient aigue ; tantôt une voix étendue et sonore qui faisait présager un *tenor* ou un *primo soprano*, se transforme en voix grave.

265. — Il faut les plus grands ménagements dans les exercices de chant qu'on peut faire à cette époque. Le travail des sons aigus devient nuisible, aussi bien que celui des sons trop graves. C'est à un maître prudent à bien diriger son élève, dans une circonstance aussi critique, et c'est à l'élève à éviter alors toute espèce d'intempérance. Des exercices forcés tels que la course, la danse trop vive et trop prolongée, l'étude des instruments à vent et même à cordes, l'application assidue à écrire, à travailler le piano, tout cela concourt plus ou moins à faire perdre ou à détériorer la voix. Une vie sobre, extrèmement régulière, un travail modéré dans toute sorte d'études, l'attention à éviter le passage subit du grand chaud au grand froid : tel est à peu près, dit M. de Garaudé, le régime à observer, pour conserver la voix dans toute sa pureté et dans toute son étendue.

Registres.

266. — Les voix se divisent, chez tous les individus, en voix de *poitrine*, de *medium*, de *tête* ; et de plus, chez les hommes, en voix *mixte* ou *sombrée* qui participe à la fois, de la voix de poitrine et de celle de tête

267. — On peut, avec la voix de poitrine, donner ordinairement jusqu'à 10 ou 11 sons; ensuite, on se sert de la voix de tête, vulgairement appelée, chez les tenors, voix de *fausset* ou de *faucet*, et qui n'existe pas, au même degré, chez tous les sujets.

268. — Souvent dans le passage des sons *graves* à à ceux du *medium*, et de ceux-ci aux sons *aigus*, on aperçoit une différence remarquable dans le timbre de la voix. Ces différences qui existent chez les hommes et chez les femmes, s'appellent *registres*.

269. — Que les voix soient *naturelles* ou *factices*, *mixtes* ou *sombrées*, etc., il est d'une absolue nécessité, pour un chanteur, de savoir unir les cordes de l'une à celles de l'autre, de manière que la voix semble partout la même. Si l'on a, par exemple, à passer de la voix de *poitrine* à la voix de *tête*, il faut, suivant l'étendue et la force de voix qu'on possède, tantôt adoucir les derniers sons de poitrine et forcer les premiers sons du *fausset*; tantôt, au contraire, renforcer les derniers sons de poitrine, pour les lier aux premiers sons du fausset, lorsque ceux-ci ont trop de force.

Respiration.

270. — Celui qui veut exceller dans l'art du chant, disent tous les maîtres, doit chercher à acquérir une longue *respiration* qu'il puisse gouverner à son gré. La *respiration* est le résultat de l'action que font les poumons pour attirer ou repousser l'air. De là, deux mouvements alternatifs, *l'aspiration* et *l'expiration*. Dans l'aspiration, les poumons se dilatent pour introduire l'air extérieur dans la poitrine, et dans l'expiration, ils s'affaissent pour le faire sortir. Sans un grand volume d'air qu'on doit savoir comprimer et ménager avec adresse, il n'est point de force ni de timbre dans la voix. Une bonne respiration est le résultat d'exercices bien suivis et bien dirigés.

271. — Généralement, on ne doit respirer qu'après une phrase ou un membre de phrase ; cependant, si les phrases sont longues, ou si le mouvement est lent, il pourra vous être permis de respirer plus souvent, mais toujours d'une manière conforme aux règles du goût et du chant dont un maître éclairé vous donnera l'intelligence.

Distinguons donc ici **1°** *ce qu'il faut faire*, **2°** *ce qu'il faut éviter*.

272. — 1° Dans tous les cas, il faut respirer avec grâce et avec art, c'est-à-dire sans que les auditeurs puissent s'en apercevoir. On doit choisir, de préférence les endroits où finit le sens d'un chant. Ainsi, dans le discours musical, nous avons d'abord les silences qui répondent aux signes de ponctuation du discours oratoire ; puis, nous rappelant les propriétés générales des notes de la gamme, nous trouvons que le repos final sur la *tonique,* correspond au *point final* du discours, le repos sur la *dominante,* marque le *point virgule* et les *deux points* ; les autres repos sont plus ou moins suspensifs, et ils équivalent à la virgule. Un chanteur obligé de respirer plus souvent peut le faire encore :

1° Après une note syncopée ; 2° après une note ponctuée; 3° après une note qui a servi à indiquer un intervalle ; 4° avant un point d'orgue ou des notes soutenues.

273. — 2° Jamais il n'est permis de couper un mot par le milieu pour respirer, excepté dans le cas où la voix ne se trouve pas avoir la force nécessaire pour donner au chant l'expression convenable. C'est alors qu'il faut la plus grande adresse pour rendre insensible la coupure d'un même mot, et les chanteurs habiles, en le faisant, ont ordinairement l'air de pousser, pour ainsi dire, un soupir, ce qui donne au chant une grâce et une expression nouvelles. Les autres défauts généraux qu'il faut éviter sont : l'aspiration bruyante de l'air dans les poumons, les efforts maladroits dans l'expulsion de cet air, les contorsions du corps, la contraction des muscles du visage, etc. Il vaut mieux respirer un peu plus souvent que de manquer tout-à-coup d'air pour la respiration. Faites en sorte d'en avoir toujours de reste, surtout à la fin des phrases. Sans quoi, la fatigue que vous semblez éprouver, est partagée par l'auditeur qui souvent ne sait pas la pardonner.

Pose du corps.

274. — Il convient d'apporter la plus grande attention à la pose du corps. Si l'on respire et si l'on chante mieux quand on est debout, il faut alors ne pas se laisser tomber nonchalamment sur l'une ou sur l'autre hanche, ne pas se balancer en battant la mesure, ne pas se courber sur le piano, ni se pencher en arrière ; la main

seulement quelquefois appuyée donne au corps une assurance qui facilite l'émission des sons. Il faut, en outre, tenir la tête droite, en évitant de lever les yeux jusqu'au plafond ; ne pas craindre de bien ouvrir la bouche, de bien desserrer les dents, de manière que les sons se produisent tout entiers au-dehors, sans rentrer dans la gorge, sans sortir par le nez. Toutefois, que cela se fasse sans affectation, et en laissant deviner un sourire sur les lèvres.

Manière d'attaquer les sons.

275. — Après cela, attaquez les sons avec franchise, sans dureté, sans traîner la voix ; soutenez-les purs, égaux, justes, pleins, unis ; sachez en augmenter plus ou moins la force, suivant l'étendue de la salle où vous chantez, et en raison de la distance où vous vous trouvez des auditeurs. En un mot, conduisez-vous en tout point suivant les règles de l'*accentuation*, de l'*articulation*, de la *prosodie*.

Accentuation.

276. — *Accentuer*, c'est marquer exactement, dans l'exécution les *forte*, les *piano* et autres nuances, dans l'intention du compositeur, et d'une manière conforme au vrai sentiment musical que donne l'intelligence, la la sensibilité et le bon goût ; ainsi, non seulement il faut, en général, accentuer les temps forts et les temps faibles reconnus dans chaque mesure, mais on trouve, de plus, certaines notes sur lesquelles il faut appuyer plus ou moins fortement que sur les autres. On les reconnaît à ce signe < appelé *crescendo*, et à celui-ci > appelé *decrescendo*, dont l'effet est expliqué n° **280**. On l'appelle aussi *soufflet*. Vous pouvez encore les reconnaître aux mots dont les lettres mises en abréviation n° **114**, servent à indiquer une partie des nuances qui constituent l'accentuation.

Par ce mot *nuances*, nous entendons cette différence fine, délicate, en quelque sorte invisible, qui se trouve dans la manière d'exprimer les mêmes sons diversement combinés pour rendre les pensées ou les sentiments en musique.

Articulation.

277. — *Articuler*, c'est faire ressortir, d'une manière nette, distincte et sans grimace, les diverses syllabes d'un mot, en attaquant les voyelles qui forment ce mot, au moyen des consonnes qui entrent dans sa composition, de telle sorte qu'il soit impossible de perdre une syllabe des paroles ou une note de la musique. Pour bien articuler, il faut travailler à se défaire de tout accent provincial ou étranger, ainsi que du grassayement regardé généralement comme un défaut, savoir dissimuler, par fois, avec adresse, certaines voyelles, certaines syllabes sourdes, nazales ou trop aigres, pour y substituer d'autres voyelles, d'autres syllabes sur lesquelles la voix fera valoir ses avantages en produisant de plus beaux sons ; enfin, il faut suivre les règles de la *prosodie*, à l'imitation des grands maîtres dans l'art du chant.

Prosodie.

278. — La prosodie est une espèce de modulation qu'il faut observer dans la prononciation des mots, par rapport aux diverses syllabes qui les composent, et aux divers accents qui les distinguent. Quoique notre prosodie française ne soit pas, à beaucoup près, aussi marquée que celle des grecs et des latins, cependant, il y a, dans toutes nos paroles, certains *ports*, certains *abaissements* de voix qu'il faut savoir reconnaître et faire sentir. Bien *prosodier*, c'est donc avoir égard, en chantant, à la longueur ou à la brièveté reconnue des syllabes (¹), ainsi qu'à la séparation des mots, quand il s'agit d'adapter les intonations musicales à des syllabes ou à des couplets qui ne sont pas notés.

C'est surtout à Paris, centre des lumières et du bon goût, qu'il faut aller chercher cette vraie prosodie de notre langue, au milieu de ces sociétés choisies de *dames* qui se piquent de génie et d'élocution, parmi les *savants*, les *académiciens* et les *orateurs* du premier ordre.

Exercices.

Vocaliser les gammes majeures et mineures sur les syllabes *o*, *è*. Commencer le travail des différents registres de la voix. En général, application des principes précédents à tous les exercices et morceaux de chant de la classe. **A, B, C,** page **109** et suivantes.

---

(1) Voir le traité de prosodie française de l'abbé d'Olivet.

Questionnaire.

Qu'entendez-vous ici par chant? — Quels sont les organes qui servent au mécanisme de la voix? — Comment divise-t-on les voix relativement à leur qualité ? — Qu'est-ce que la mue des voix? — Quels changements éprouvent les voix à cette époque ? — Quelle conduite à tenir dans le temps de la mue? — Comment se divise la voix chez les hommes et chez les femmes ? — Qu'entend-on par registres? — Quel travail demandent les différents registres ? — Qu'est-ce que la respiration ? — Peut-on et doit-on chercher à acquérir une longue respiration ? — Quand doit-on généralement respirer ? — Comment doit-on respirer ? — Quels défauts devez-vous éviter ? — Quelle doit être la pose du corps en chantant? — Comment faut-il attaquer les sons ? — Qu'entendez-vous par accentuation, nuances, articulation, prosodie? — Que faut-il faire pour bien prosodier ?

§ 7.

Figures de syntaxe ou Ornements du discours musical.

279. — Quel que soit le genre de musique qu'on exécute, il ne suffit pas toujours qu'on soit fidèle à la justesse de l'intonation, au rhythme, à la mesure. C'est là l'essentiel, sans doute; mais pour donner aux pensées, aux sentiments exprimés par les sons, plus de grâce, de délicatesse, de force, d'énergie; en un mot, pour plaire et intéresser , il faut chercher à embellir le chant d'ornements avoués par le bon goût et par l'usage.

Ces ornements sont : la *mise de voix*, le *portamento*
ou *port de voix*, l'*appoggiature* et la *petite note*, le
gruppeto, le *trille*, le *point d'orgue*, les *traits* ou la
roulade.

Mise de voix.

280. — On entend par ces mots l'art de filer les sons;
ce qui se fait en posant d'abord la voix sur un son avec
assurance, justesse, douceur, puis en allant du *piano*
au *forte*, et en revenant du *forte* au *piano*, avec la plus
grande égalité. Cette mise de voix, *mezza di voce*, se
pratique surtout sur les notes soutenues, et souvent
aussi sur plusieurs notes et sur des passages entiers.
On la reconnaît à ce signe < >.

Règle générale. Quand on va du grave à l'aigu, il
faut augmenter le degré de force du son , et faire tout
le contraire en descendant de l'aigu au grave. Cet exercice est regardé comme le plus avantageux pour rendre
la voix plus forte ou plus douce , et pour la modifier
selon que l'exige la véritable expression.

Exemple.

Portamento.

281. — Le port de voix, dit **M.** Choron, consiste à donner à chaque note sa juste valeur, de manière que, dans le passage d'une note à une autre, la voix soit toujours soutenue et liée à ces mêmes notes, sans les quitter, jusqu'à ce qu'il y ait une pause expressément indiquée.

Sur les intervalles disjoints portez les sons d'une note à l'autre, sans traîner la voix. Quand le port de voix se fait du *grave* à l'*aigu*, il convient d'augmenter la force du son, et de le diminuer en passant de l'*aigu* au *grave*, à moins que le sentiment de la phrase n'exige le contraire. Le *portamento* doit être très-doux et tomber bien juste sur la seconde note.

Exemple.

282. — Les autres ornements dont nous avons à parler, sont certaines petites notes appelées notes de goût ou d'agrément qui appartiennent à la mélodie, et qu'on ajoute aux valeurs ordinaires de la mesure dont elles ne font jamais partie, à l'exception de la roulade qui souvent s'écrit en mesure et doit s'exécuter de même.

Appoggiature et petite note.

283. — L'appoggiature est une petite note sur laquelle on appuie la voix. Elle emprunte la moitié ou le quart de la valeur de la grosse note suivante, selon le goût de l'exécutant. Lorsqu'elle est placée à un degré au-dessous, l'intervalle doit toujours former un demi-ton avec la grosse note. Il faut, dans ce cas, appuyer moins fortement sur l'appoggiature que sur la petite note placée à un degré au-dessus ; mais l'une et l'autre doivent être plus fortement prononcées que la grosse note. Dans les notes suivies d'un point, l'appoggiature emprunte les deux tiers de la valeur de la note suivante.

On trouve assez souvent d'autres petites notes qui ne sont pas des appoggiatures, et qui sont ordinairement barrées. Elles sont plus brèves ; elles exigent une grande légèreté et beaucoup de grâce dans l'exécution. En solfiant, on donne à l'appoggiature et aux autres petites notes le nom de la grosse note qui suit :

Exemple.

Gruppeto.

284. — C'est un groupe de plusieurs petites notes placées devant 'ou après une grosse note dont elles prennent le nom, quand on solfie. Il y a des groupes de deux, de trois, de quatre notes. Ils doivent s'exécuter avec vitesse et légèreté. C'est un des ornements du chant les plus agréables; mais il faut en user avec ménagement.

Exemple.

Trille, Cadence.

285. — Le *trille* consiste dans le battement rapide et alternatif de deux notes à une seconde majeure ou mineure l'une de l'autre. Pour parvenir à le bien faire, il faut d'abord le travailler lentement, et en accélérer peu à peu la rapidité jusqu'au moment où le gosier, disposé par une étude soignée et des exercices mille fois répétés, effectue enfin ce battement joyeux et cadencé qui a tant de charme, mais qui ne souffre pas la médiocrité. Les plus belles qualités du trille sont la rapidité, la souplesse et la parfaite égalité.

Combien de chanteurs voit-on grimacer et se fatiguer à faire entendre un battement rapide et alternatif de la même note. Ils croient faire un trille, et ce n'est qu'un éclat de rire ou un chevrotement. Quand on ne sait pas bien le faire, il vaut mieux s'en abstenir. Il y a plusieurs manières de le préparer et de le terminer. On l'indique par les deux lettres *tr*.

Autrefois le trille était appelé *cadence*. Aujourd'hui on entend par ce mot, enharmonie, la terminaison d'une phrase musicale sur un repos, ou la résolution d'un accord dissonant sur un accord consonnant.

Il y a deux cadences principales : la cadence sur la *tonique* qui termine le sens musical, et se nomme cadence finale ou parfaite, et la cadence sur la *dominante* qui suspend le sens musical sans le terminer.

Exemple.

Point d'orgue.

286. — On donne ici ce nom à de petites notes qui suivent ou accompagnent le signe déjà connu du *point d'orgue*. Souvent improvisées, elles s'exécutent à volonté, mais exigent une grande perfection. Sur la mesure qui suit le point d'orgue, on reprend le mouvement régulier, indiqué par ces mots *à tempo*.

Exemple.

Traits ou Roulade.

287. — Les traits consistent en une tirade de notes
différentes sur une même syllabe. Pour parvenir à les
bien exécuter, il faut d'abord s'exercer à vocaliser dans
un mouvement modéré; ensuite, à mesure qu'on acquiert
plus de facilité dans cet exercice, on presse peu à peu
le mouvement, jusqu'à ce qu'on parvienne à rendre
séparément chaque note avec la plus grande vitesse. Il
faut éviter, en exécutant ces traits, de remuer la langue
ou le menton; car, outre le ridicule de cette exécution,
on ne pourrait leur donner la clarté qu'ils exigent.

Exemple.

Exercices.

Sur les ornements du chant. Voyez la méthode de
chant de M. Panseron.

Questionnaire.

Quels sont les ornements du chant? — Qu'est-ce que
la mise de voix? — Le portamento? — Quelles sont les

notes d'agréments? — Appoggiature? — Gruppeto? — Trille? — Point d'orgue? — Traits ou roulade?

§ 8.

De l'usage des ornements du style musical.

288. — Les figures ou ornements du style musical, pour faire plaisir, pour toucher, doivent être commandées naturellement par le genre de musique qu'on exécute. Tous les sujets dont on cherche à exprimer les pensées et les sentiments, ne demandent pas l'emploi de chacun de ces ornements.

289. — Ainsi, les uns sont d'un *style simple*, facile, mais sans apprêt, sans prétention. Dans ceux-là, il ne faut rien qui sente la recherche et l'affectation. Peu de notes d'agrément, point de traits, ou, tout au plus, des ornements simples, en petit nombre et de bon goût.

290. — Les autres sont du *style tempéré ou fleuri*, est-à-dire, dans le genre gracieux, léger, comique. Alors sont surtout permis ces agréments qui, comme autant de fleurs, viennent orner une mélodie, et qui, placés à propos, donnent au sentiment et à la pensée plus d'élégance, plus de délicatesse, plus de grâce.

291. — D'autres appartiennent au *style sublime*, c'est-à-dire, sont du genre élevé, sérieux, religieux ou dramatique, et dans ce cas, rien de plus déplacé que l'emploi de fioritures qui dénatureraient un chant noble et uni, et qui, s'accordant mal avec la gravité du sujet, seraient la preuve d'un mauvais goût. Quelques ornements sévères, bien préparés, amenés avec art et propres à donner à la pensée musicale plus de force et d'élévation, au sentiment plus d'énergie, c'est-là ce qui convient.

292. — Dans les cas mêmes où la musique prête naturellement aux agréments, il faut toujours prendre garde de les prodiguer. Les plus belles choses doivent se montrer rarement pour ne point cesser de paraître belles.

293. — Enfin, dans l'emploi de tous ces différents ornements, *gruppeto, trille, point d'orgue, traits*, *etc.*, il faut qu'un chanteur consulte ses forces. Si la nature de notre voix, si le peu d'exercices auxquels nous avons pu nous livrer, ne nous a pas rendus propres à les exécuter avec une certaine perfection, il ne faut pas tenter de le faire. Tous nos efforts paraîtraient gauches ou forcés, et produiraient un effet contraire à celui que nous attendons. Etudier longtemps, toujours, connaître ses moyens, suivre la nature, voilà les conseils que dictent l'expérience et le goût à ceux qui désirent exceller dans l'art difficile du chant.

Exercices.

Continuer les vocalises de l'A, B, C, page 109 et suivantes, ou celles de la méthode de chant.

Questionnaire.

D'où doivent sortir naturellement les ornements du discours musical? — Quels sont les ornements propres au style simple , au style fleuri , au style sublime ? — Faut-il les prodiguer? — Que faut-il consulter dans l'emploi de ces ornements?

§ 9.

Orthographe.

294. — L'Orthographe, en musique, est l'art d'être correct dans l'emploi des *caractères* et des *signes* de la langue musicale.

295. — Les Caractères sont les Notes. Nous en avons étudié successivement :

La *gravité* et l'*acuité*, ce qui nous a fait connaître la gamme ascendante, la gamme descendante , majeure, mineure, diatonique , chromatique.

La *succession* par degrés conjoints ou disjoints, ou les intervalles simples et composés directs ou renversés, diminués ou augmentés.

La *forme* qui détermine la durée des sons relativement au temps, et relativement à l'unité principale, d'où les mesures à deux , à trois, à quatre temps , et le rhythme binaire ou ternaire.

L'*Altération* et les effets qui en dérivent dans la mélodie, succession des sons , et dans l'harmonie, simultanéité des sons, d'où les gammes majeures par dièses et par bémols, les modulations et les accords majeurs, mineurs, diminués, augmentés.

L'*impression* triste ou gaie qui en résulte, c'est-à-dire le mode majeur ou mineur , la gamme mineure avec ses intervalles et ses modifications.

296. — Les Signes sont : la portée, les clefs d'*ut*, de *sol*, de *fa,* les chiffres qui indiquent les mesures, les silences, les dièses et les bémols ou accidentels, ou continuels formant l'armure de la clef, le bécarre, les points, les accents, les abréviations, les expressions qui désignent le mouvement ou le genre d'un morceau de musique, les signes du métronome, ceux qui rappellent les ornements du langage musical, etc.

RÉSUMÉ GÉNÉRAL.

INTRODUCTION.

Langue musicale. — Mots ou sons. — Caractères ou notes. — Gamme. — Dix espèces de mots ou de sons, de n° 1 à 9.

CHAPITRE I.

PREMIÈRE PARTIE.	SECONDE PARTIE.
Sons graves. — Sons aigus. — Sons du médium. — Gamme ascendante. — Gamme descendante. — Portée musicale. — Lignes additionnelles. — Clef de	Notre gamme est dans la nature. — Elle provient des notes harmoniques des accords de tonique, de sous-dominante, de dominante, lesquelles résultent

CHAPITRE IV.

CHAPITRE V.

CHAPITRE VI.

CHAPITRE VII.

CHAPITRE VIII.

CHAPITRE IX.

CHAPITRE X.

cours. — Ce qu'il reste à faire pour devenir musicien ou chanteur. — Moyens pour apprendre à lire la musique. — Transposition, de n° 247 à 257. — § 5. Ecriture. — Copie. — Dictée, de n° 257 à 261. — § 6. Principes de chant. — Chant. — Appareil vocal. — Mue de la voix. — Registres. — Respiration. — Pose du corps. — Comment il faut attaquer les sons. — Accentuation. — Articulation. — Prosodie, de n° 261 à 279. — § 7. Ornements du discours musical. — Mise de voix. — Portamento. — Appoggiature. — Gruppeto. — Trille. — Cadence. — Traits, de n° 279 à 288. — § 8. Usage des ornements, de n° 288 à 294. — § 9. Orthographe musicale. — § 10. Conclusion. — Conseils, de n° 297 à 312.

§ 10.

CONCLUSION.

297. — L'orthographe musicale, ainsi que vous venez de le voir, chers élèves, résume, tout ce que nous avons dit dans nos espèces de mots et dans la syntaxe. Mais il ne vous suffit pas d'en connaître les règles par cœur, ce serait chose trop facile ; il faut surtout que vous sachiez en faire l'application.

298. — Permettez-moi, en finissant, de vous adresser quelques conseils. Peut-être vous aideront-ils à concevoir une plus haute idée d'un art à la perfection duquel il est si difficile d'atteindre.

La plupart de ceux qui s'y livrent le traitent trop légèrement pour y faire des progrès. Ils voudraient savoir sans se donner la peine d'apprendre. Ils sont tout feu en commençant, au bout de quelques mois ils sont tout glace. N'est-ce pas à ce défaut de travail et de persévérance de la part des élèves qu'il faut attribuer le peu de réussite des cours publics qu'on voit de temps en temps s'ouvrir en province ? N'est-ce pas là ce qui fait que parmi tant d'autres personnes qui apprennent la musique et le chant, on en voit un si petit nombre parvenir à se faire remarquer par quelque talent réel ?

Je suppose donc que vous êtes tout à fait disposés à marcher dans la voie du progrès que le développement de l'art musical ouvre aujourd'hui devant vous, et j'ajoute :

299. — Celui qui, dans l'exécution d'une pièce de musique, ne manque ni à la justesse de l'intonation, ni à la valeur des notes et des silences, ni à la mesure, ni à l'accentuation, etc.; celui enfin qui se conduit, en tout, d'après les principes expliqués dans la grammaire, sera sans doute un bon musicien. Peu d'élèves ont assez d'application et de constance pour arriver jusqu'à ce point de perfection; et, toutefois, cela ne suffit pas encore pour opérer la persuasion en musique, c'est-à-dire pour plaire, pour toucher, pour enlever les suffrages.

300. — Celui-là ne sera jamais qu'un froid musicien qui n'éprouve pas au-dedans de lui ce sentiment inné qui donne l'intelligence des beautés et des délicatesses d'une langue, et qui donne aussi l'inspiration au moyen de laquelle on parvient soi-même à toucher et à plaire.

301. — Vous reconnaîtrez en vous ce sentiment musical, lorsqu'en entendant bien chanter, ou en chantant vous-mêmes ces beaux morceaux qu'inspira le génie, votre cœur, loin de rester froid, se sentira doucement ému, et vous disposera souvent à répandre des larmes.

Sous le charme de cette impression, votre mémoire retiendra aisément les airs qui auront frappé votre oreille, et votre voix se plaira à redire des chants que, par une agréable illusion, vous croirez quelquefois avoir composés ou avoir pu composer vous-mêmes.

302. — Prenez garde, toutefois, dans l'exécution de votre chant, de vous abandonner trop facilement à une émotion qui nuirait au développement de vos moyens, ou que les autres ne pourraient partager. Tous n'éprouvent pas au même degré cette disposition à être touchés, et si vous ne savez pas maîtriser et diriger votre expression, n'est-il pas à craindre qu'elle ne leur paraisse exagérée et peu naturelle ? Alors elle deviendra ridicule, et les auditeurs resteront d'autant plus froids que vous avez plus de cette chaleur qui leur semble factice.

303. — Sachez donc disposer peu à peu et leurs oreilles et leur âme, et n'augmentez la force de votre sentiment qu'en proportion de l'impression que vous avez dû faire sur eux. Consultez, pour cela, le caractère de la musique dont vous interprétez les pensées. N'allez pas vous consumer en vains efforts d'une émotion intempestive dans des morceaux d'un style simple et uni ; mais aussi, quand vous voudrez toucher les autres, commencez par être touchés vous-mêmes.

304. — S'il n'est pas rare de trouver des chanteurs dont l'expression soit peu naturelle, on en trouve plus souvent encore qui n'en ont aucune et qui ne savent ni sentir ni faire goûter les beautés de la langue musicale. Cependant, vous aurez beau avoir une voix agréable, juste, étendue, flexible, exercée à poser les sons, à les

filer, à les accentuer, à les vocaliser d'une manière à peu près parfaite, si votre talent n'est dû qu'à une heureuse facilité naturelle, ou à des exercices longtemps répétés, et qu'il soit privé de cette chaleur vivifiante, de cette inspiration qui électrise à la fois le chanteur et l'auditeur; en un mot, si votre perfection est trop *mathématique*, si je puis m'exprimer ainsi, il y manque une chose essentielle. Vous ferez plaisir sans doute, mais tout en appréciant vos autres qualités, on dira : c'est un chanteur froid. On applaudira votre talent, mais cet enthousiasme qui transporte, vous ne le produirez pas, tandis que des chanteurs bien moins parfaits que je ne le suppose ici, faisant jaillir de temps en temps de leur âme émue quelques unes de ces étincelles qui se communiquent instantanément à des masses entières et les enflamment, produiront un effet sûr et plus sensible. Ils feront oublier leurs imperfections et l'auditeur ne se rappellera longtemps que les vives impressions de joie ou de tristesse, de pitié, de terreur, etc., qu'on lui aura communiquées.

Gardez-vous donc de rendre jamais avec froideur les mouvements animés qu'une passion quelconque veut qu'on exprime, et rappelez-vous ici ce que nous avons dit § 8, sur l'emploi des ornements du style.

305. — Le genre de musique que chacun se plaît le plus ordinairement à exécuter et à entendre, fait souvent connaître de quelle espèce de sentiment musical on est doué. Une musique légère, badine, peut faire admirer la légèreté naturelle ou acquise de la voix, l'esprit et le goût dans la distribution des nuances; mais un chant large, soutenu, empreint de mélancolie, de religion, ou bien encore des chants énergiques, passionnés, patrio-

tiques, fortement rhythmés, décèleront, en général, une âme plus forte et plus sensible. Du reste, nous le répétons, le bon goût dit à tout chanteur de travailler à reconnaître le genre pour lequel il a reçu plus d'aptitude, de chercher à perfectionner ses moyens dans ce genre, et de suivre la nature en sachant se borner. Heureux, dans tous les cas, celui dont l'âme est échauffée par ce feu sacré que la nature allume en nous !

Encore un mot :

306. — On trouve de jeunes chanteurs qui, doués d'une voix agréable et d'une certaine facilité naturelle à saisir les intonations, parviennent en peu de temps à déchiffrer un morceau, soit en le solfiant d'abord, soit en appliquant les paroles à première vue, sans solfier les notes. Si, par malheur, ils prêtent une oreille trop complaisante aux applaudissements et aux conseils de quelques ignorants ou imprudents, ils se croiront bientôt capables de chanter toute espèce de musique. Romances, grands et petits airs d'opéra sérieux ou comique, morceaux légers à roulades, etc.; ils abordent tout avec une assurance que rien ne démonte, sans trop examiner même si tous ces chants conviennent ou non au diapazon et au genre de leur voix. Vous les priez aujourd'hui de chanter, ils n'ont rien de prêt, mais demain, dans une heure peut-être, ils vont savoir un air et vous le dire, et un auditoire nombreux ne leur fait pas peur. Un conseil d'ami qu'on attend souvent trop tard à leur donner, c'est que s'ils ont à cœur de ne pas laisser d'eux une impression fâcheuse auprès des connaisseurs, ils ne doivent jamais ainsi trop présumer de la bonne volonté de leur auditoire. Vous êtes chez vous, chez des amis, en petit comité, c'est tout autre chose. Là, du moins, vous pouvez en sûreté essayer vos forces et préluder, peut-être, à d'autres succès ; mais, n'allez pas croire être en état de chanter un morceau en public, parce que vous le solfiez juste, ou que vous appliquez les paroles à première vue. Cet air, que vous dites si facile, l'est beaucoup moins que vous ne le pensez. Avant de le comprendre, il faut que la voix ait répété bien des fois les mêmes sons, les mêmes mesures, les mêmes phrases, les mêmes périodes. Il faut que vous en saisissiez l'ensemble et les détails, et souvent ce n'est pas même après un travail assidu de quinze jours ou d'un mois que vous en aurez acquis l'intelligence parfaite, et que vous l'aurez dans la voix, suivant l'expression admise.

307. — Faut-il donc s'abstenir de chanter, quand on n'a pas cette perfection ? Non, mais il faut travailler à l'acquérir, et en attendant, choisir son auditoire, ne pas s'endormir sur quelques premiers lauriers, craindre de prodiguer et d'user, dès le début, un talent qui n'est pas formé, et n'accepter les applaudissements donnés que comme un encouragement à mieux faire. Des études de chaque jour nous feront découvrir de nouveaux défauts à éviter, de nouvelles nuances à observer, de nouveaux efforts à faire pour rendre tel ou tel son plus assuré, plus net, plus juste, plus uni, plus clair, plus velouté, plus triste, plus gai, plus accentué, etc., etc.

308. — Mais aussi, quel plaisir quand vous verrez vos efforts couronnés du succès ! Si déjà la qualité seule de votre voix produit de l'effet, que sera-ce quand vous saurez en tirer tout le parti possible ! Que dis-je ? N'eussiez-vous qu'une voix peu agréable sous le rapport

de l'étendue et du timbre, avec un travail consciencieux que les difficultés ne sauraient rebuter, vous pouvez encore parvenir à plaire et à faire admirer doublement un talent, fruit de l'intelligence et des efforts persévérants.

509. — Du reste, les premières études sont toujours celles qui coûtent le plus, et ces difficultés une fois vaincues serviront merveilleusement à aplanir celles qui doivent se présenter plus tard.

Plus vous étudierez, plus vous découvrirez de nouvelles nuances imperceptibles aux yeux du vulgaire. Les beautés les moins saillantes, les défauts les moins apparents n'échapperont pas à la délicatesse et à la pureté de votre goût qu'un tel travail aura perfectionné.

510. — Mais ce que vous exigez est bien difficile. — C'est vrai, et je voudrais que vous fussiez bien persuadé que pour l'obtenir il faut une application constante et des exercices soutenus. — Mon Dieu! Je n'ai pas des prétentions aussi élevées; pourvu que je parvienne, en chantant seul ou en faisant ma partie avec d'autres dans quelques morceaux d'ensemble, à m'amuser un peu, je serai content. — Vous ne devez pas l'être encore. Ce que vous dites là suppose déjà des études antérieures et d'autres que vous paraissez disposé à faire, et si vous voulez dire que le genre de vos occupations, que vos moyens naturels vous forcent de vous borner, je n'ai plus rien à ajouter ; mais si la nature vous a plus favorisé de ses dons, si vous avez déjà fait plus d'un sacrifice de temps et d'argent pour acquérir quelques connaissances, et que vous puissiez en faire d'autres, pourquoi perdre le fruit de votre travail? Ne devez-vous pas faire fructifier vos heureuses dispositions et chercher à en faire jouir les autres, en apportant à la société dont vous êtes membre, votre part de tribut, c'est-à-dire, le talent que Dieu vous a donné pour elle et que vous pouvez développer en vous ? Aimeriez-vous donc mieux passer pour égoïste et paresseux?

311. — Si ces raisons ne vous touchent pas , si vous n'avez pas le véritable amour de l'art qui vise toujours, et de lui-même , à la perfection, ayez au moins la conscience de votre médiocrité et restez caché , perdu dans la foule. Mais si, au contraire, vous vous sentez appelé à remplir autre chose qu'un rôle secondaire, souvenez-vous que les hommes d'élite ne fuient pas devant le travail et la peine, et que ce n'est qu'au prix de leur sueur que les grands artistes deviennent ce qu'on les voit. Dans votre intérêt donc, vous ne vous exposerez pas, en débutant trop tôt, à faire porter sur vous un jugement trop sévère. Les suites de l'opinion qu'on se forme d'un chanteur présomptueux à son début, sont toujours défavorables à celui qui en est l'objet, et le public trop souvent injustement prévenu, est quelquefois longtemps à réformer son premier jugement, lorsque, plus tard le même individu se présente après des études plus sérieuses et avec un talent acquis.

312. — Enfin, n'oubliez pas, chers élèves, que cette heureuse organisation dont nous parlons, cette sensibilité exquise, cette intelligence musicale rare et enviée, si vous la possédez, c'est à l'auteur de tout bien que vous le devez. Aussi, est-ce à lui que vous aimerez principalement à la rapporter, dans l'exécution de vos chants, et jamais la voix que Dieu vous donna pour célébrer sa gloire en chantant ses bienfaits, ne sera par vous employée à outrager la morale ou la religion. Le bon usage des moyens dont la nature s'est montrée libérale envers vous doit en faire tout le prix. Seules, ces dispositions naturelles sont certainement bien précieuses, mais développées, perfectionnées par les règles, par les conseils et surtout par les exemples des maîtres, elles deviendront, pour vous et pour les autres, la source des jouissances les plus vives et les plus pures.

Exercices.

Solfège à deux voix. — Solfège d'artistes de M. Panseron. — Vocalises de la méthode de chant du même auteur. — Morceaux de mélodie et d'harmonie tirés d'opéras bien choisis et proportionnés à la force des élèves.

Questionnaire.

Suffit-il de connaître les principes de musique et de chant pour être musicien et chanteur ? — Comment un chanteur parvient-il à plaire et à toucher ? — A quoi peut-on reconnaître en soi le sentiment musical ? — Comment faut-il diriger son émotion ? — Quand l'expression du chant est-elle vicieuse ? — Qu'est-ce qui sert à compléter et à vivifier le talent acquis ? — A quel genre de musique doit-on particulièrement s'attacher ? — Quels conseils peut-on donner à de jeunes chanteurs qui débutent? — Faut-il beaucoup travailler pour acquérir la perfection dans le chant? — N'y a-t-il que les belles voix qui puissent plaire? — Quel doit-être l'heureux résultat des premières difficultés vaincues? — Réponse à quelques objections. — A qui chacun est-il redevable de ses moyens? — A qui doit-on, avant tout, rapporter le talent dont on est doué? — Les dispositions naturelles suffisent-elles toutes seules?

FIN.

TABLE.

FIN DE LA TABLE.